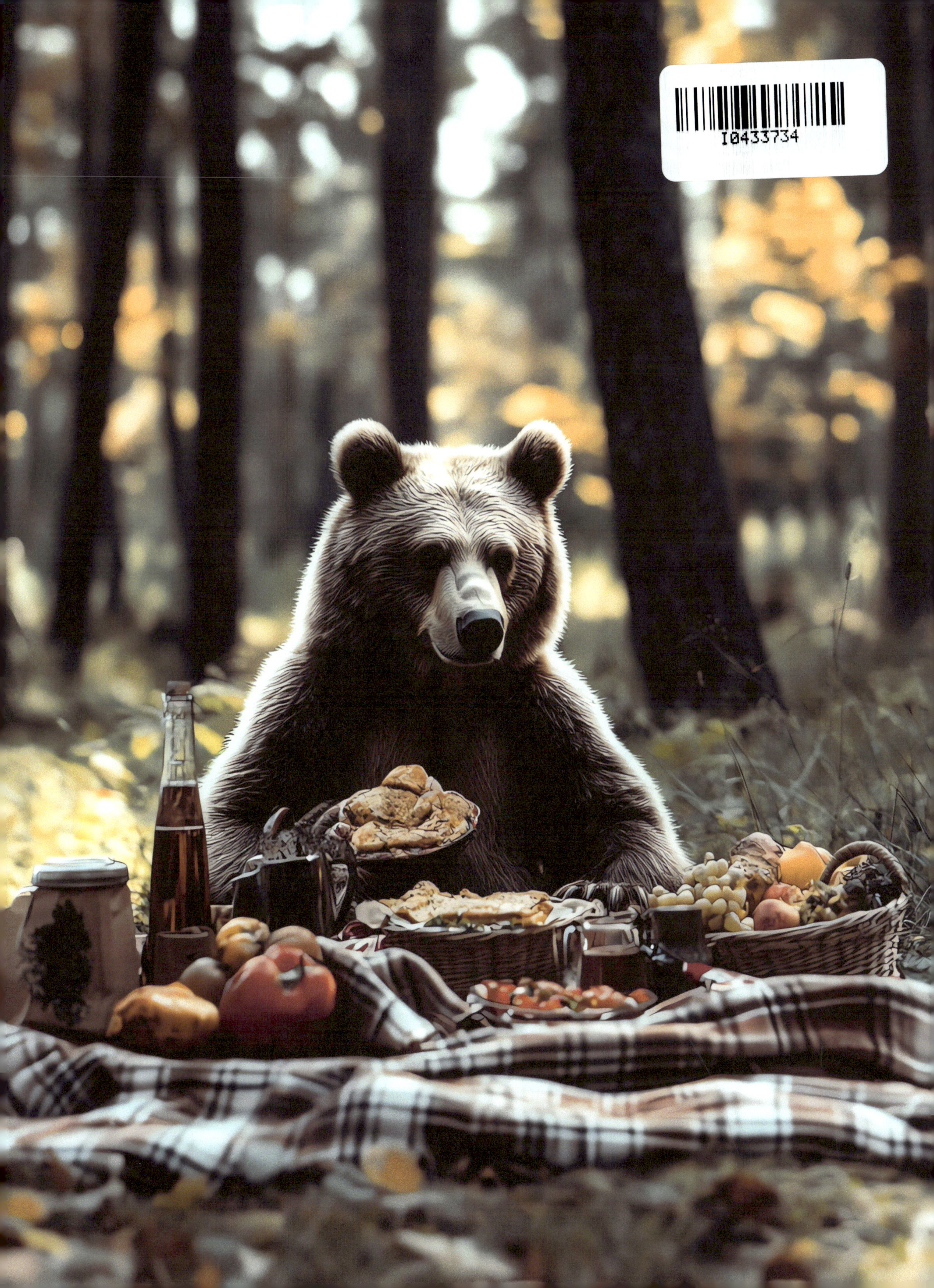

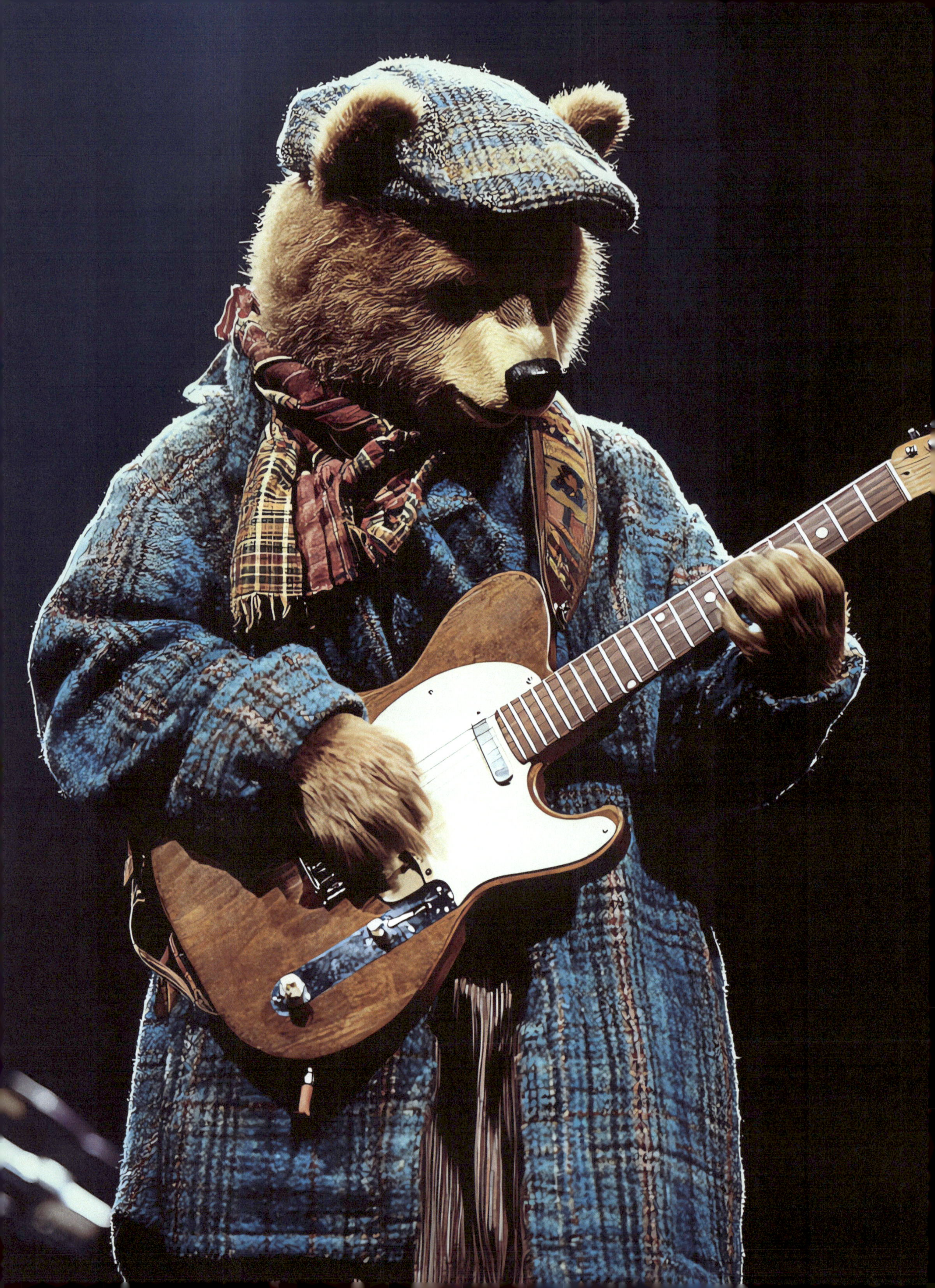

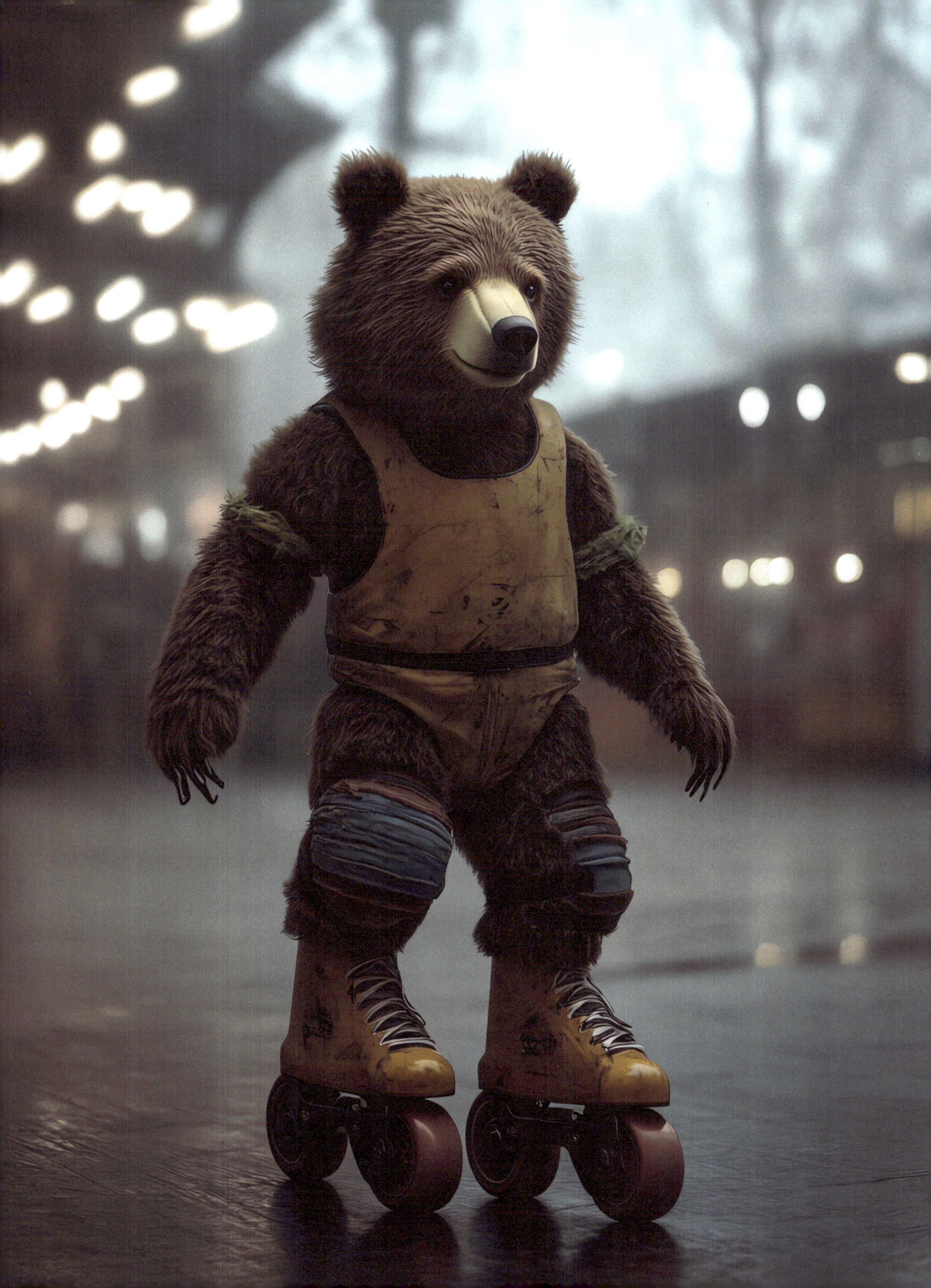

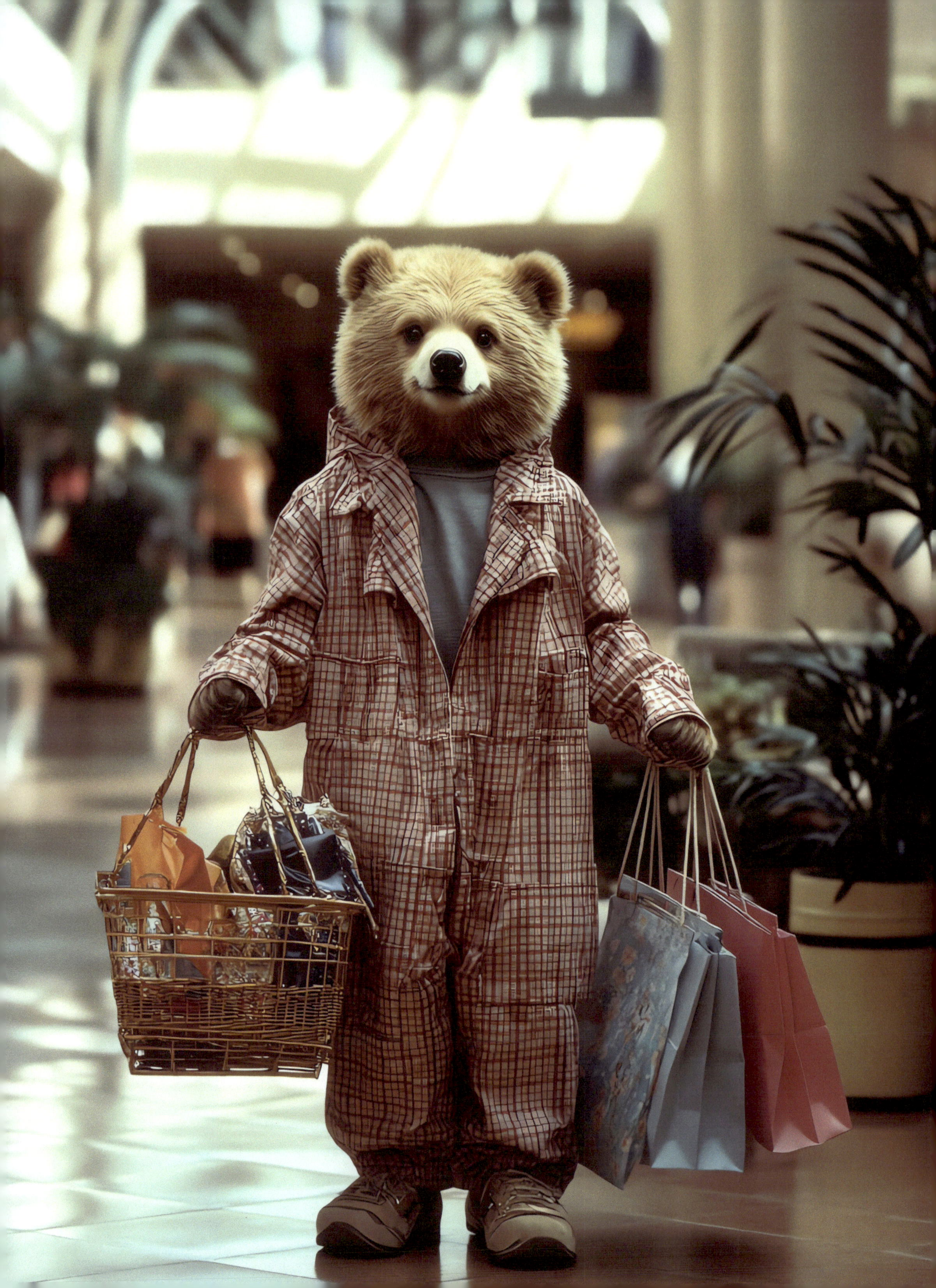

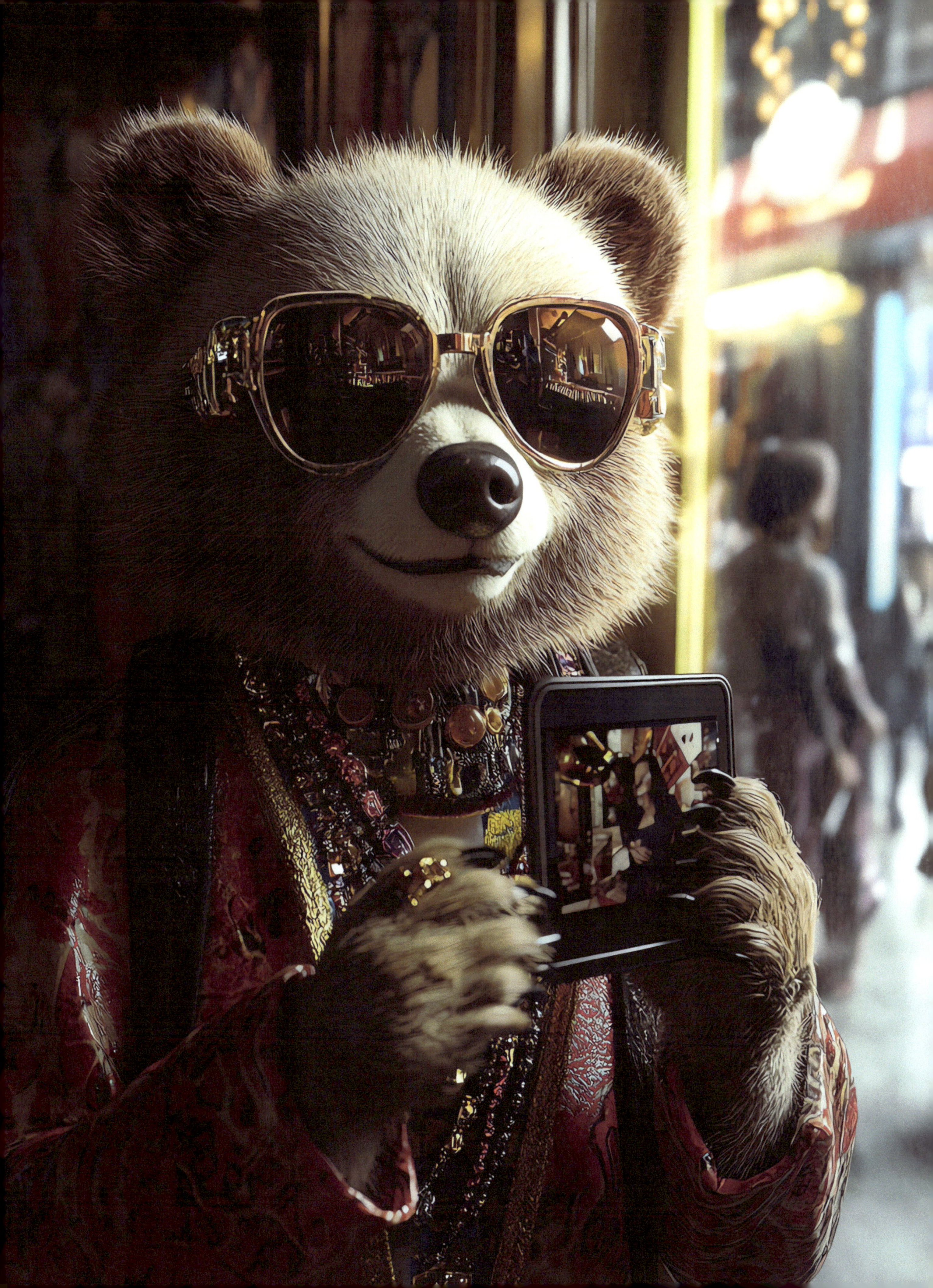

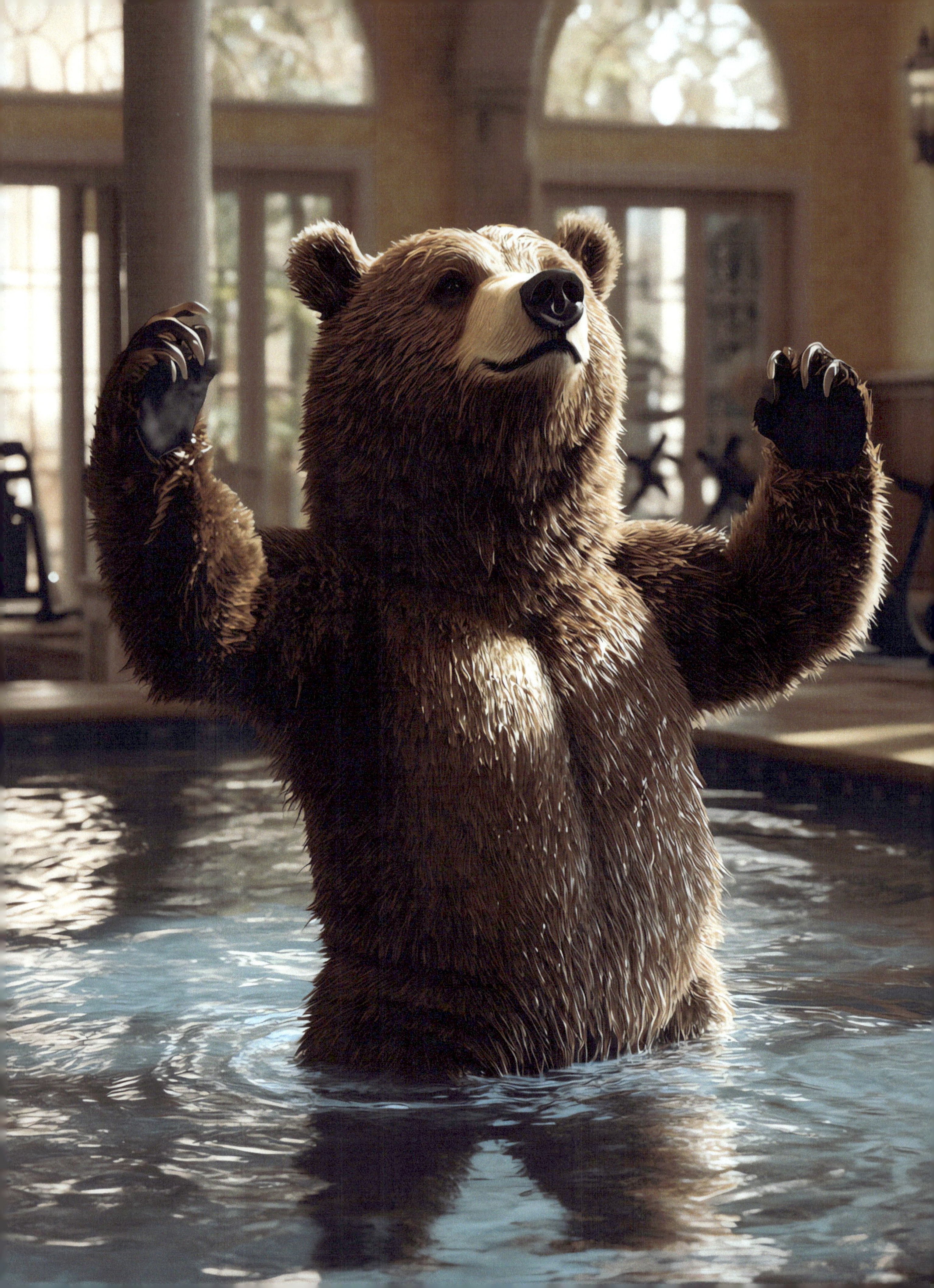

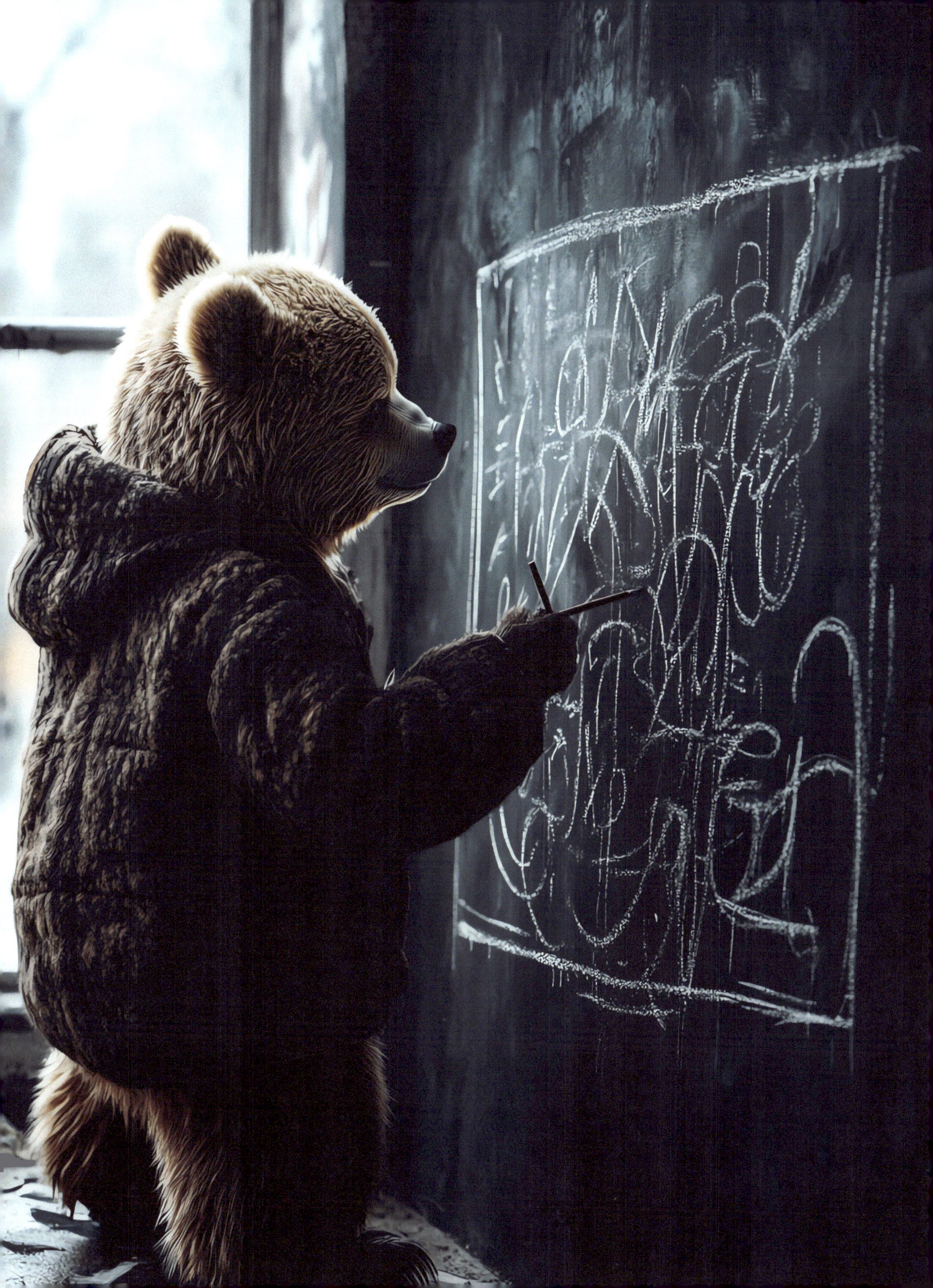

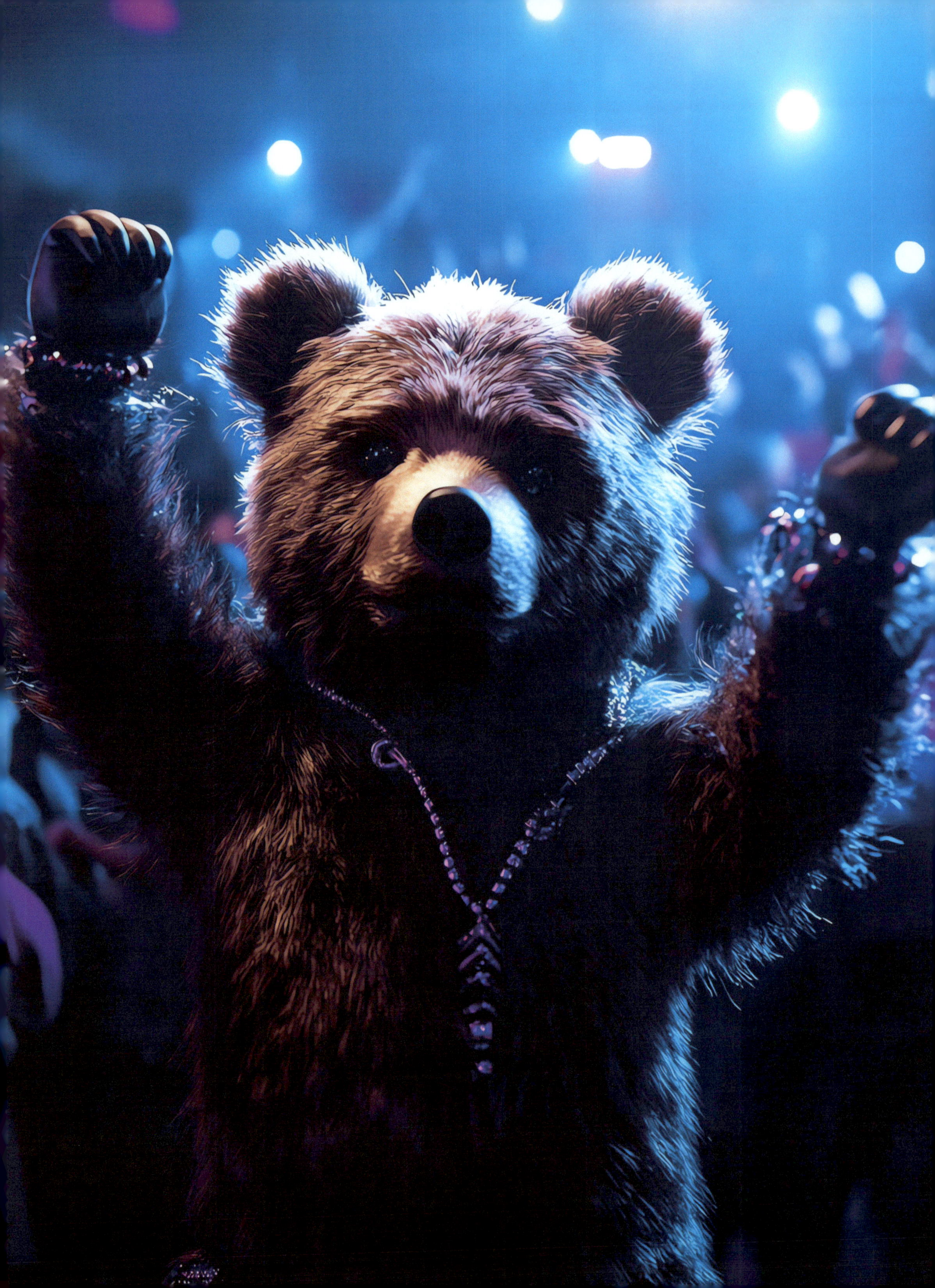

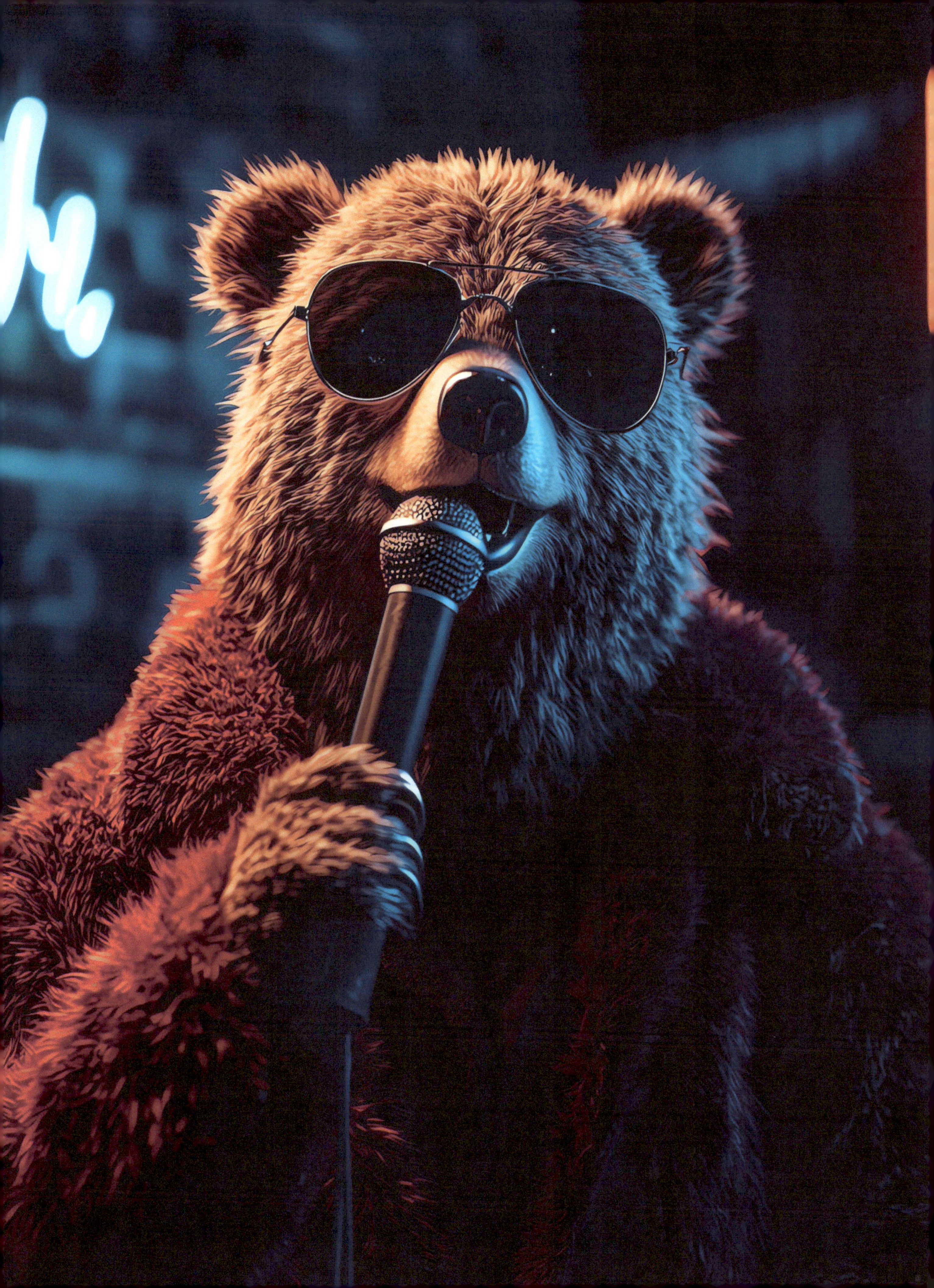

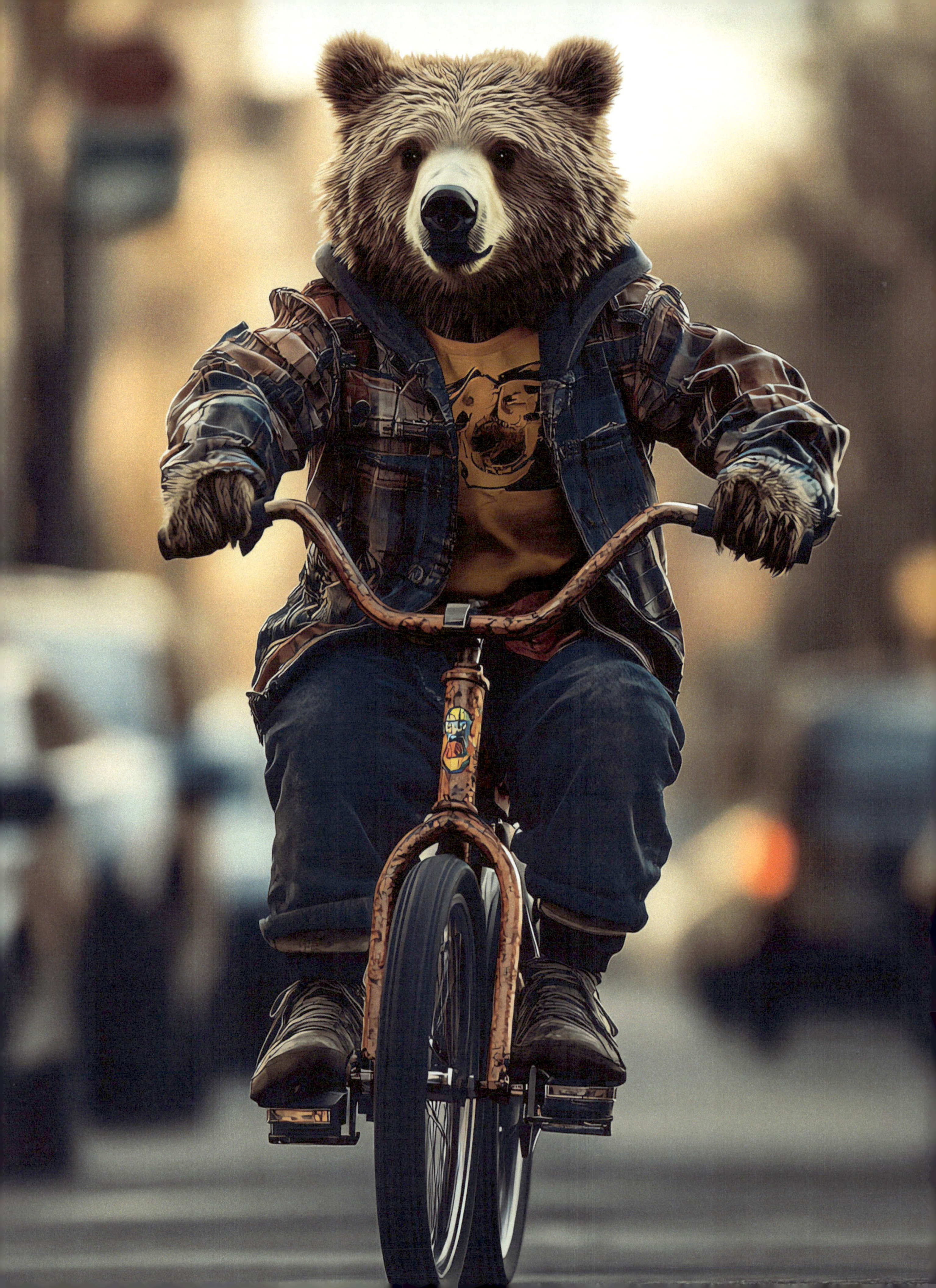

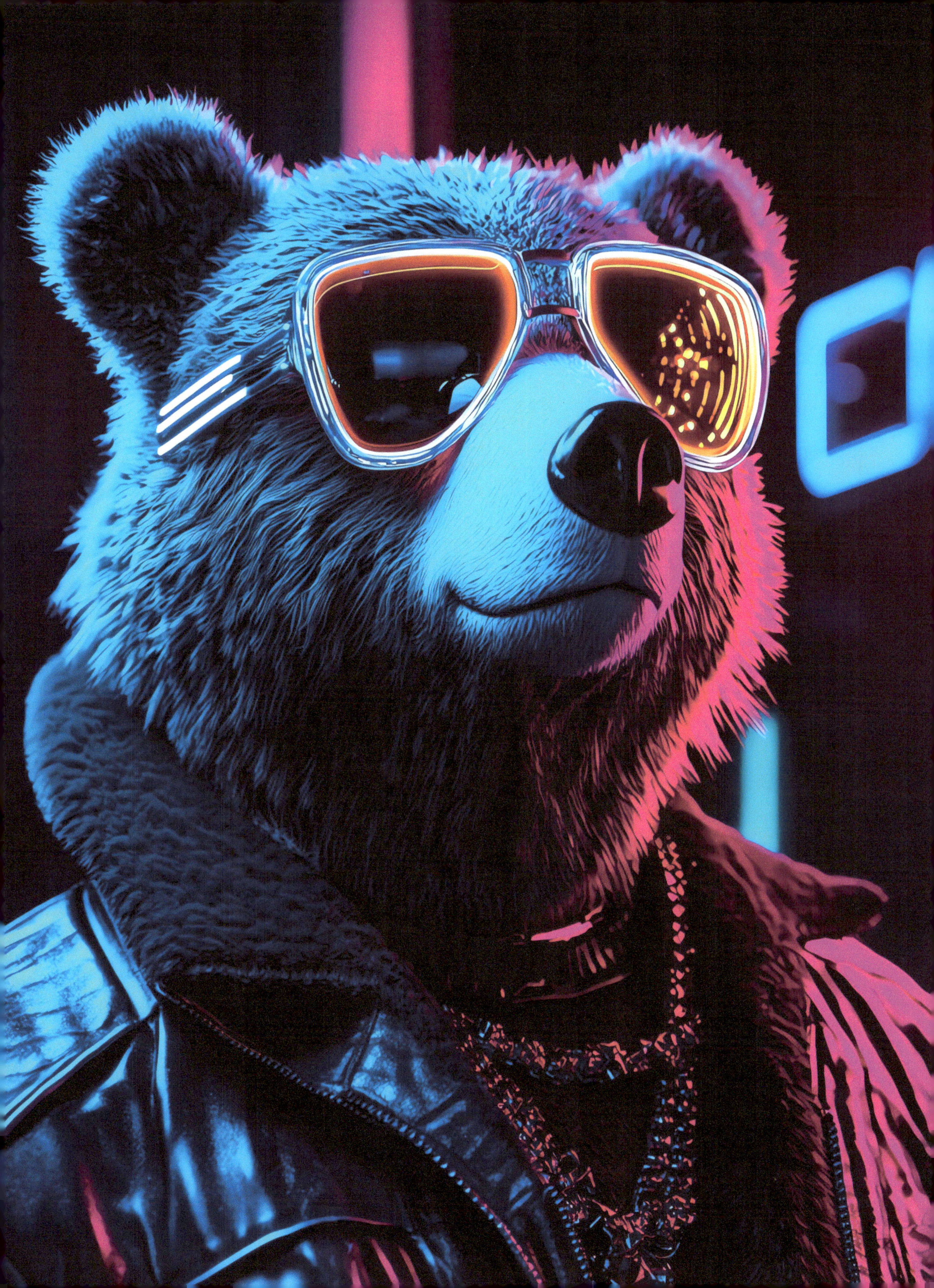

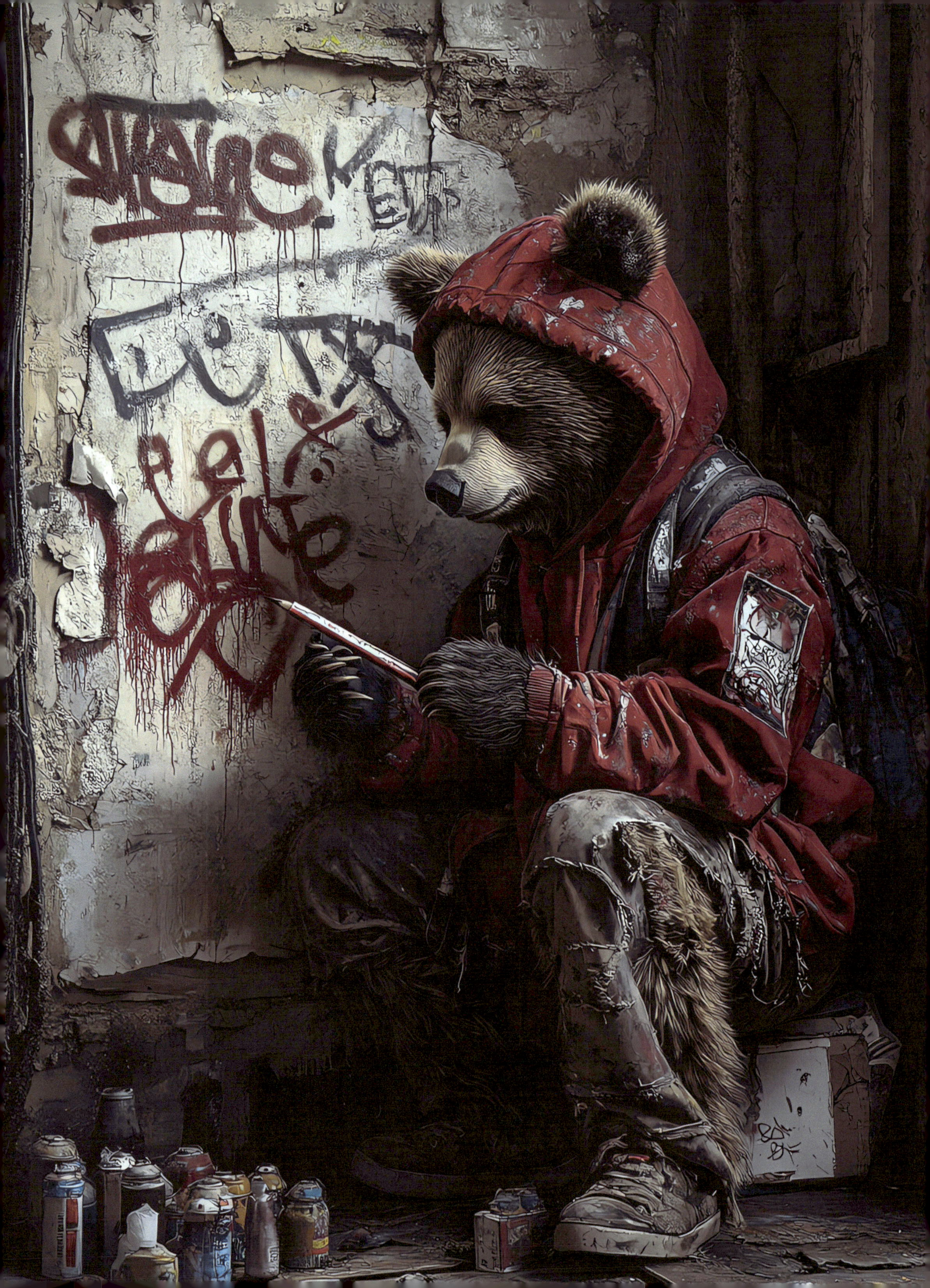

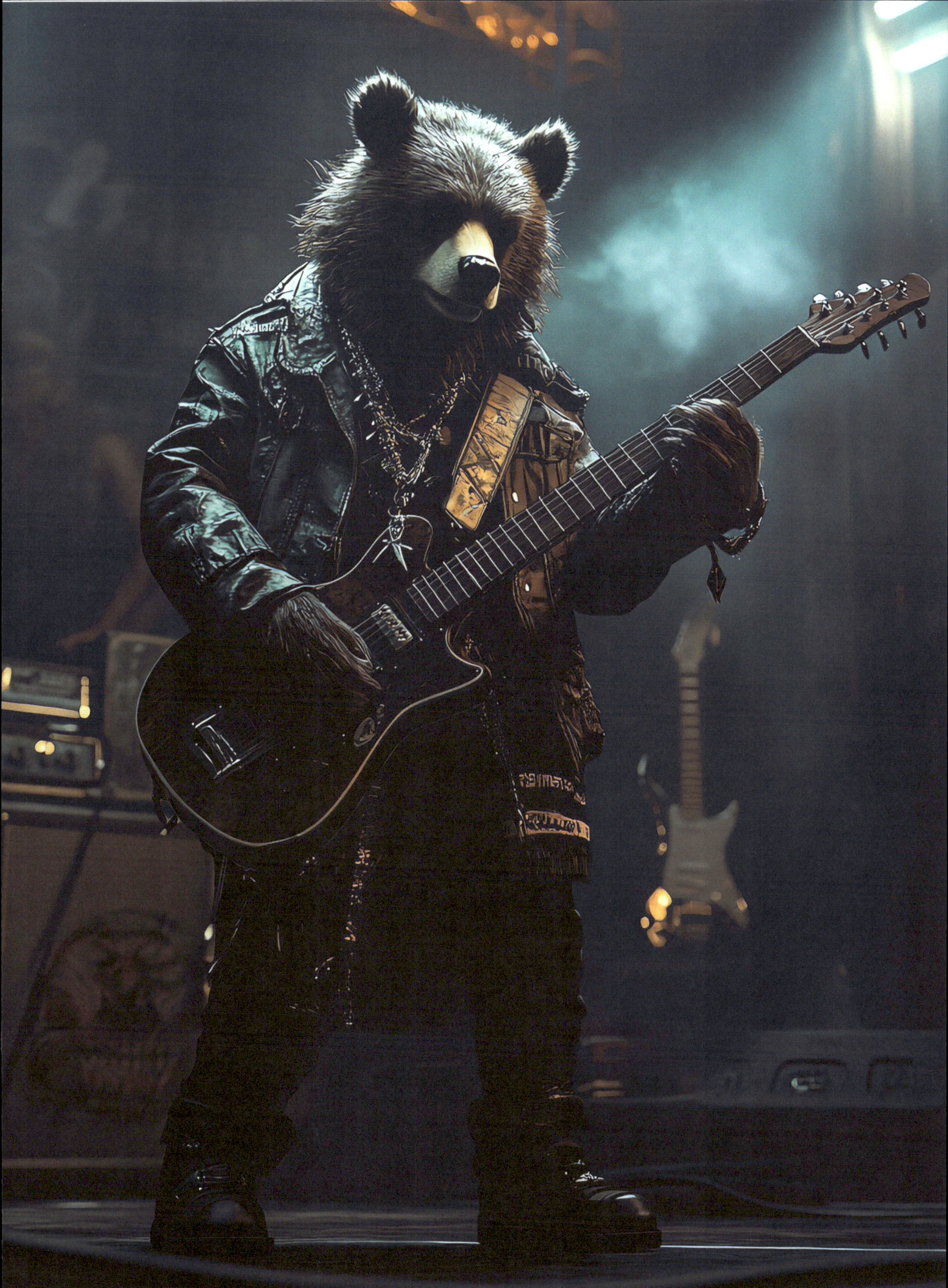

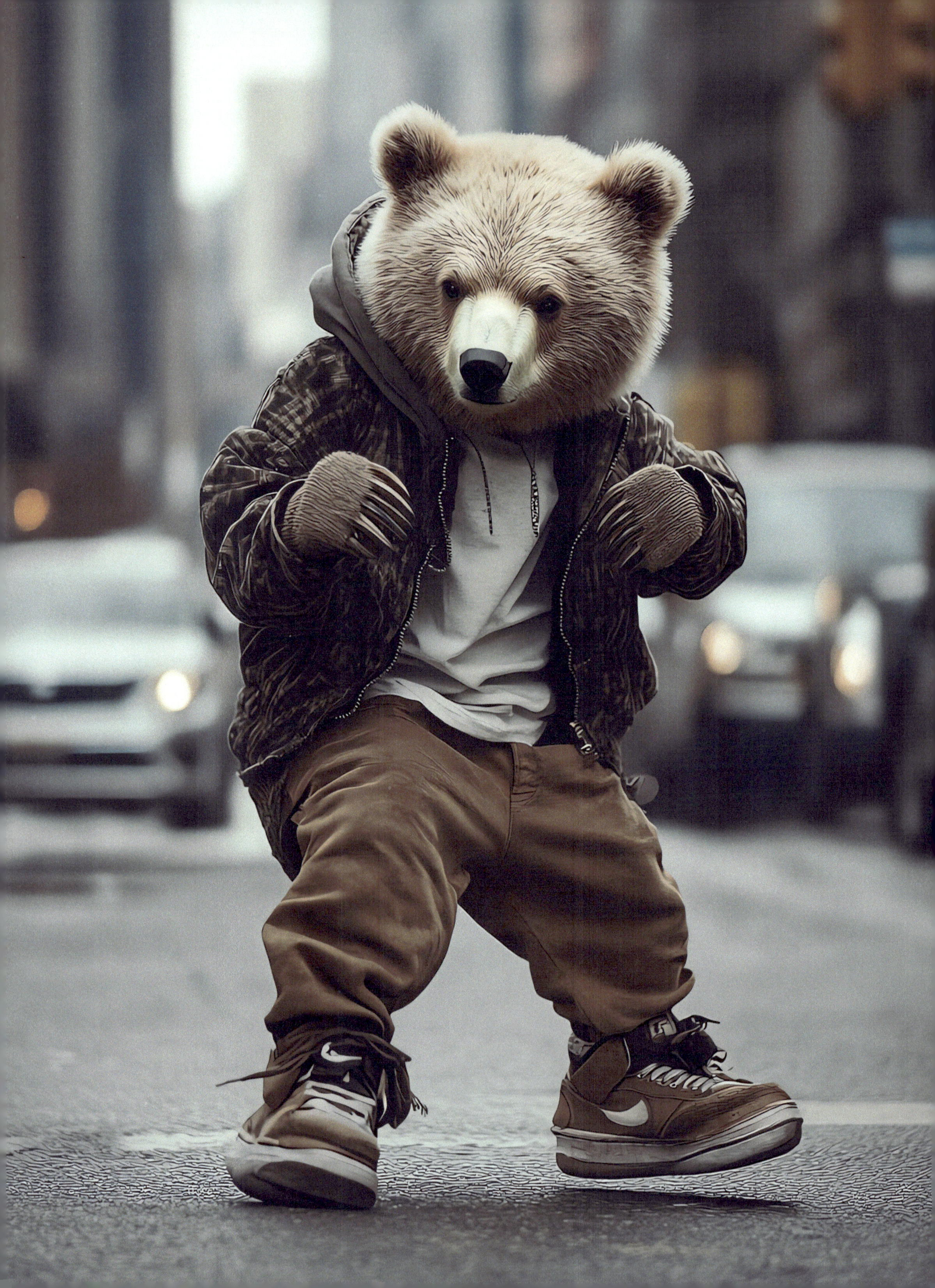

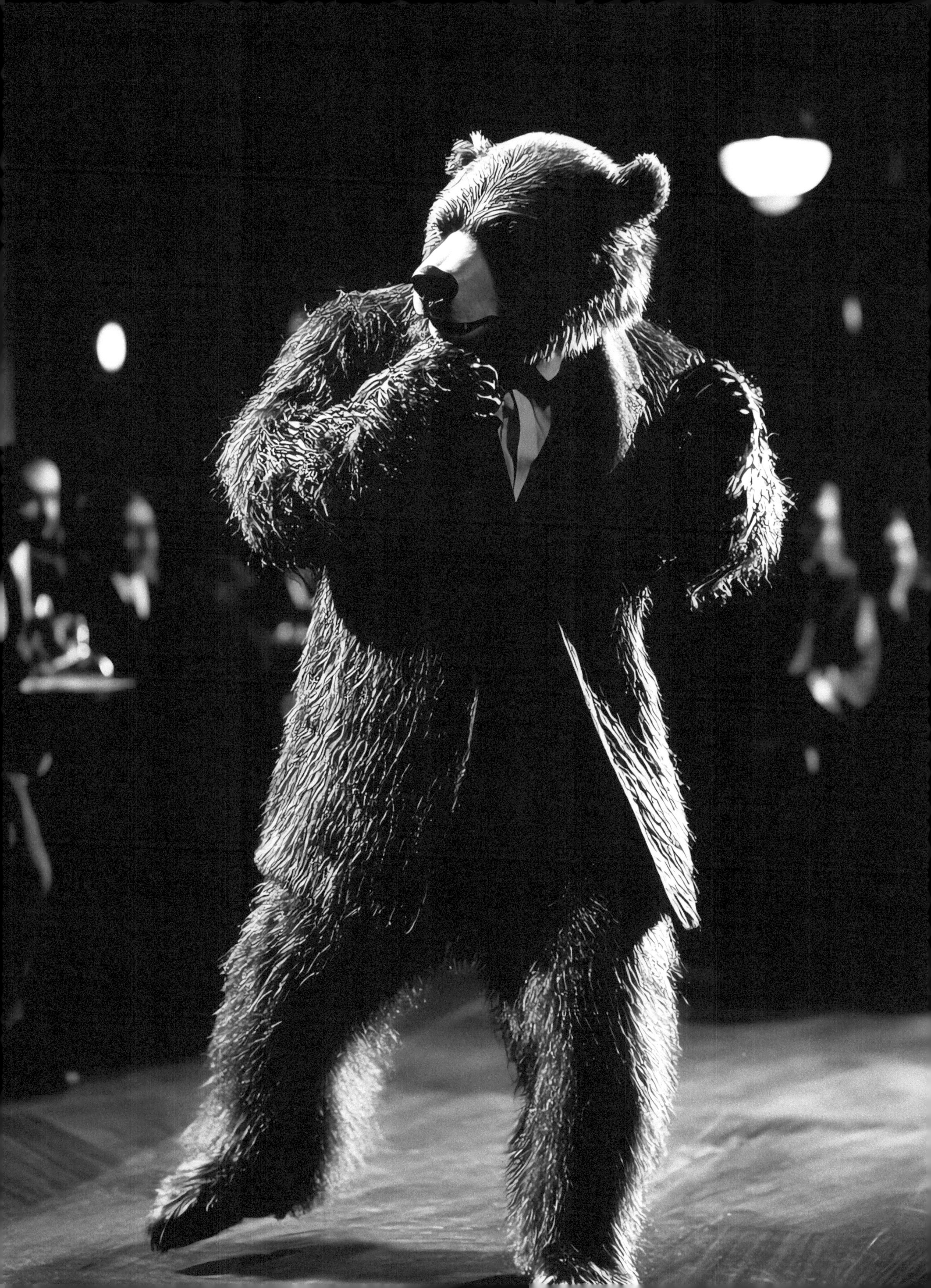

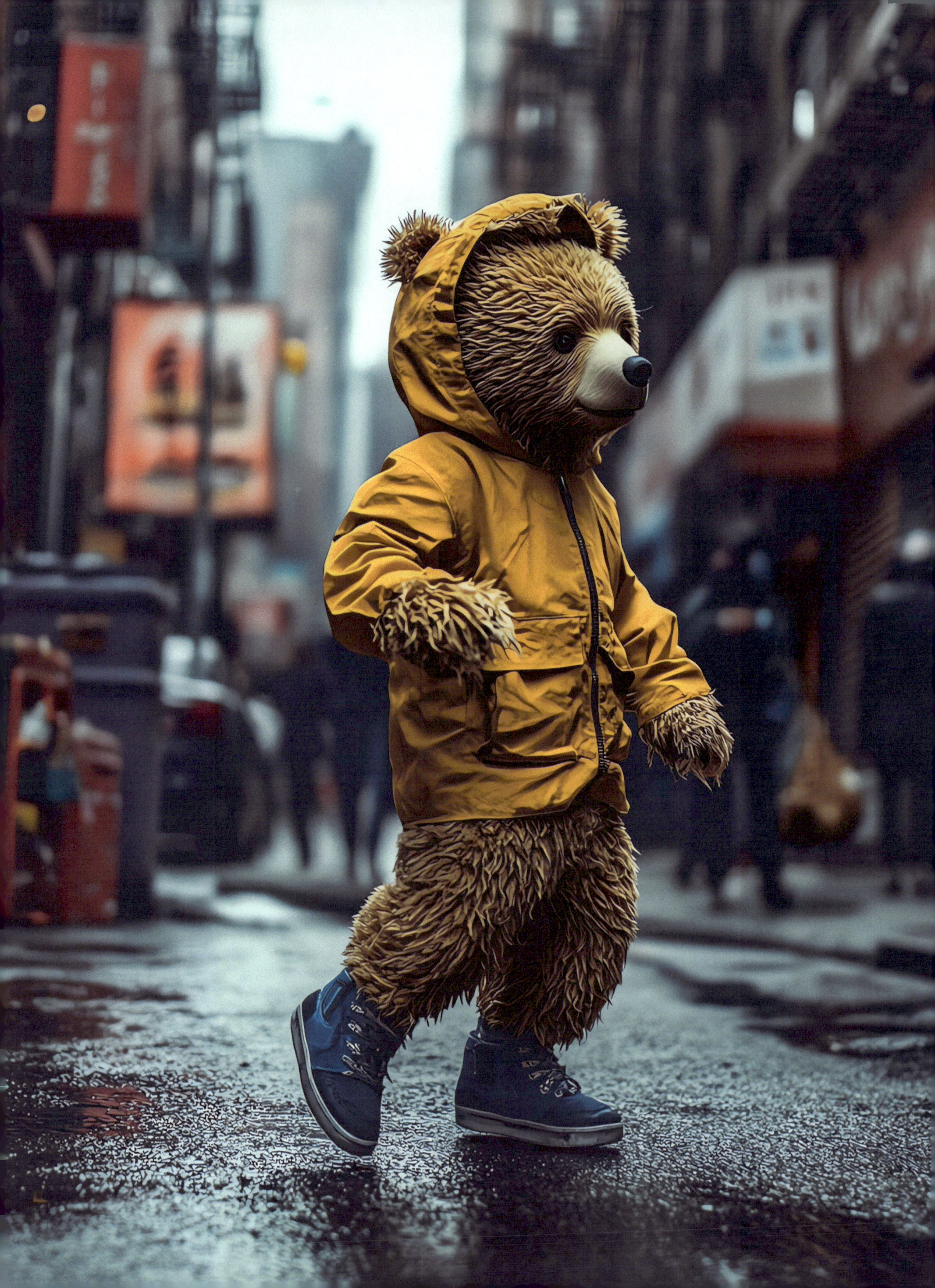

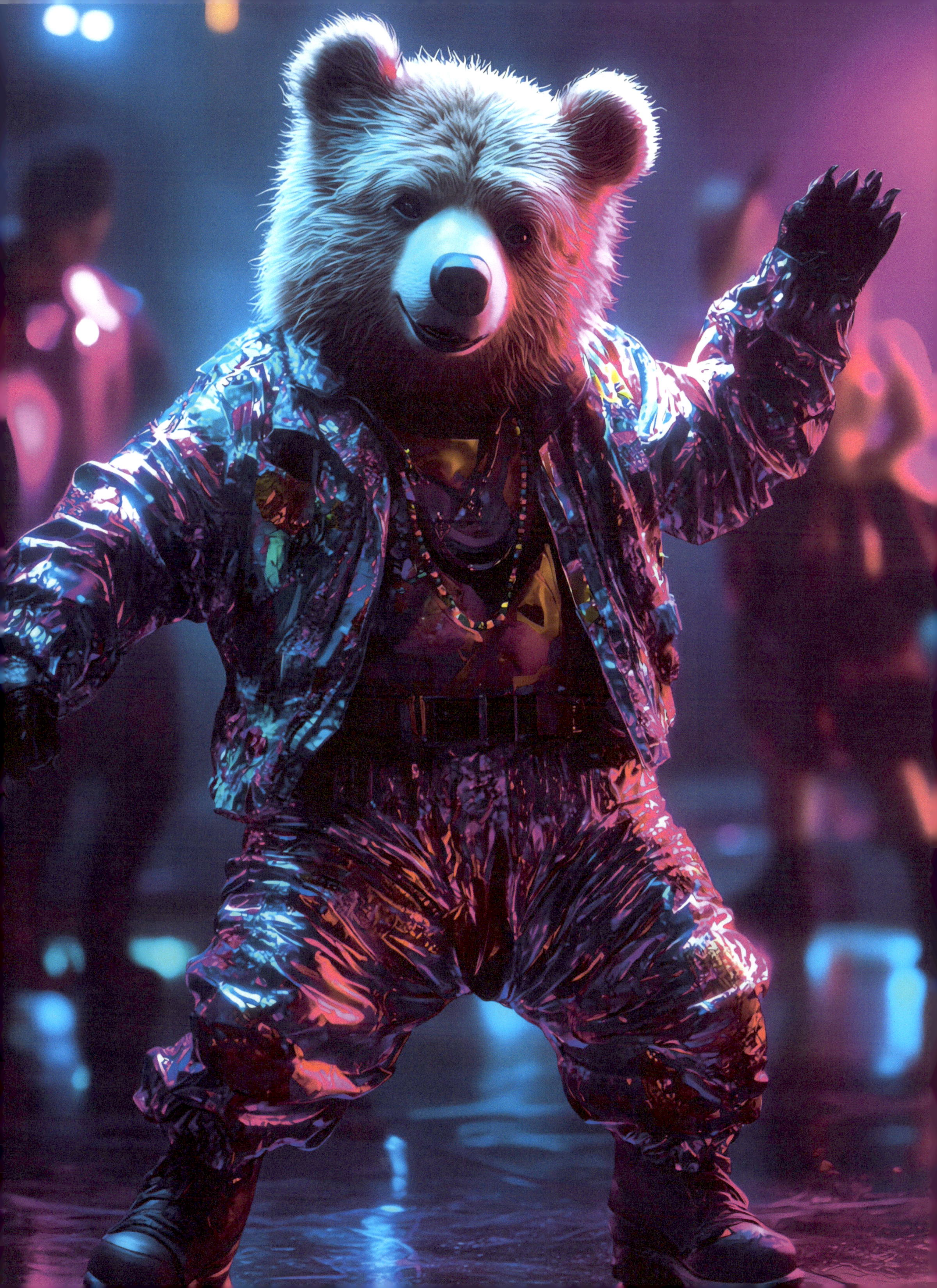

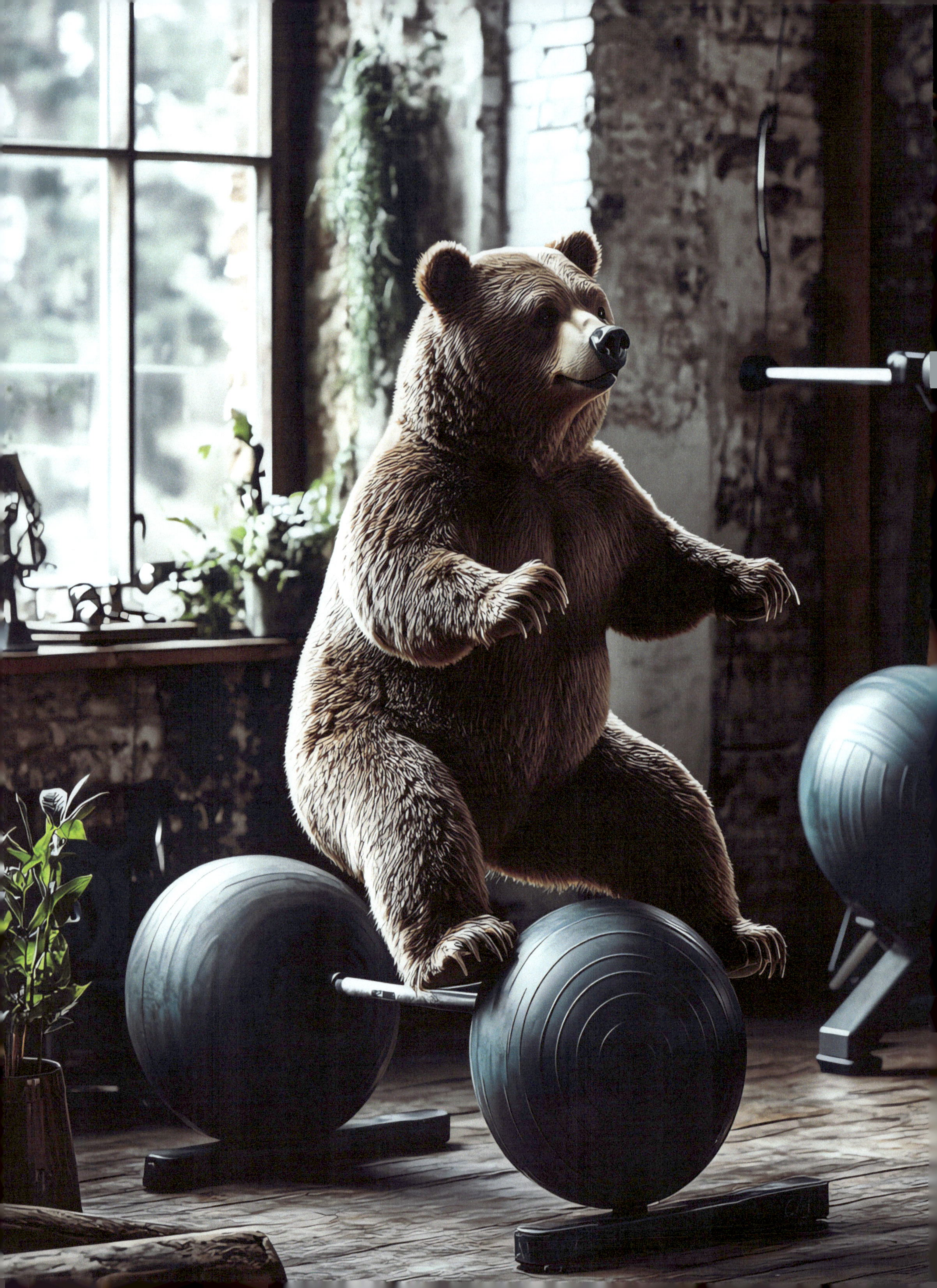

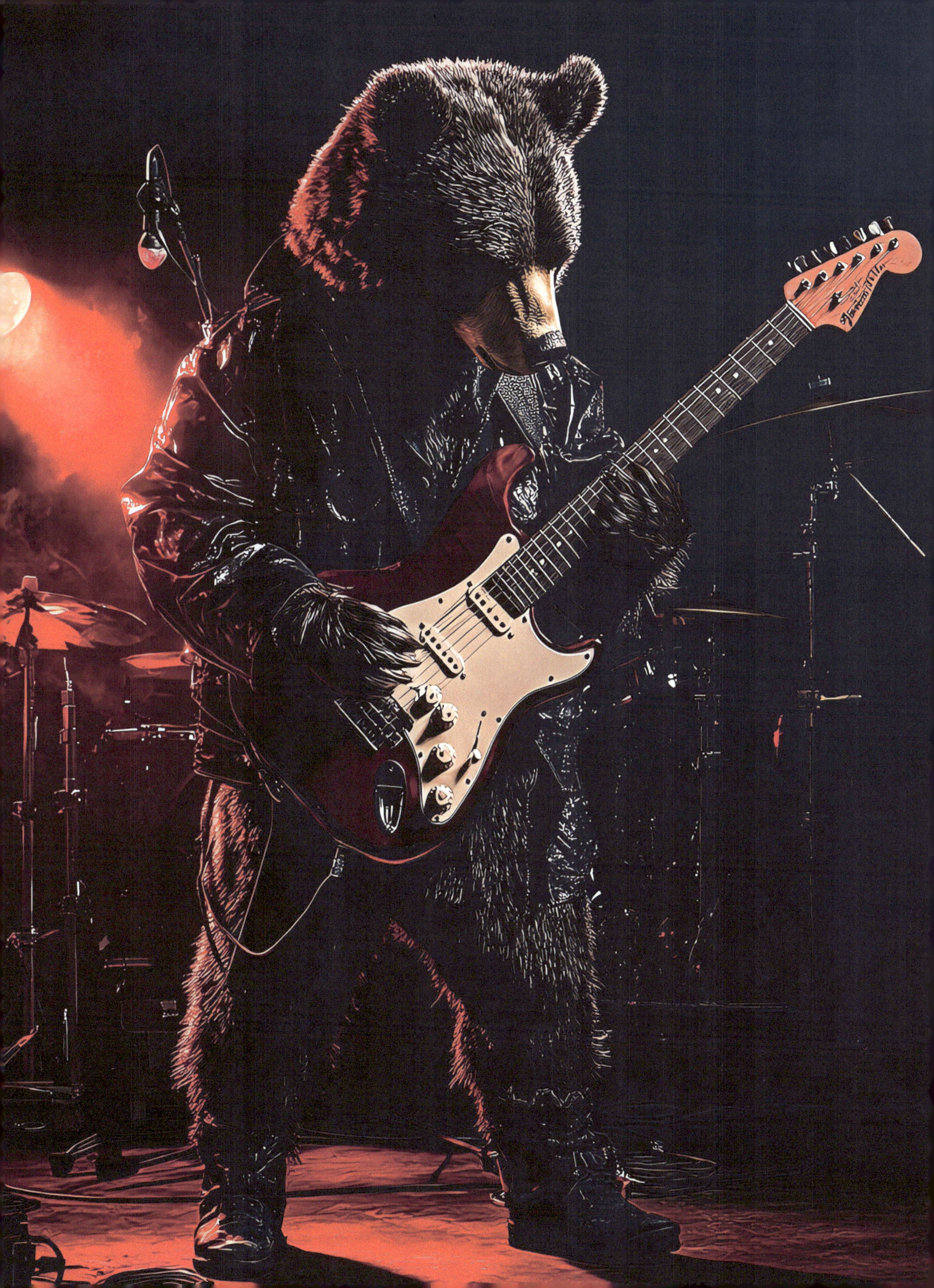

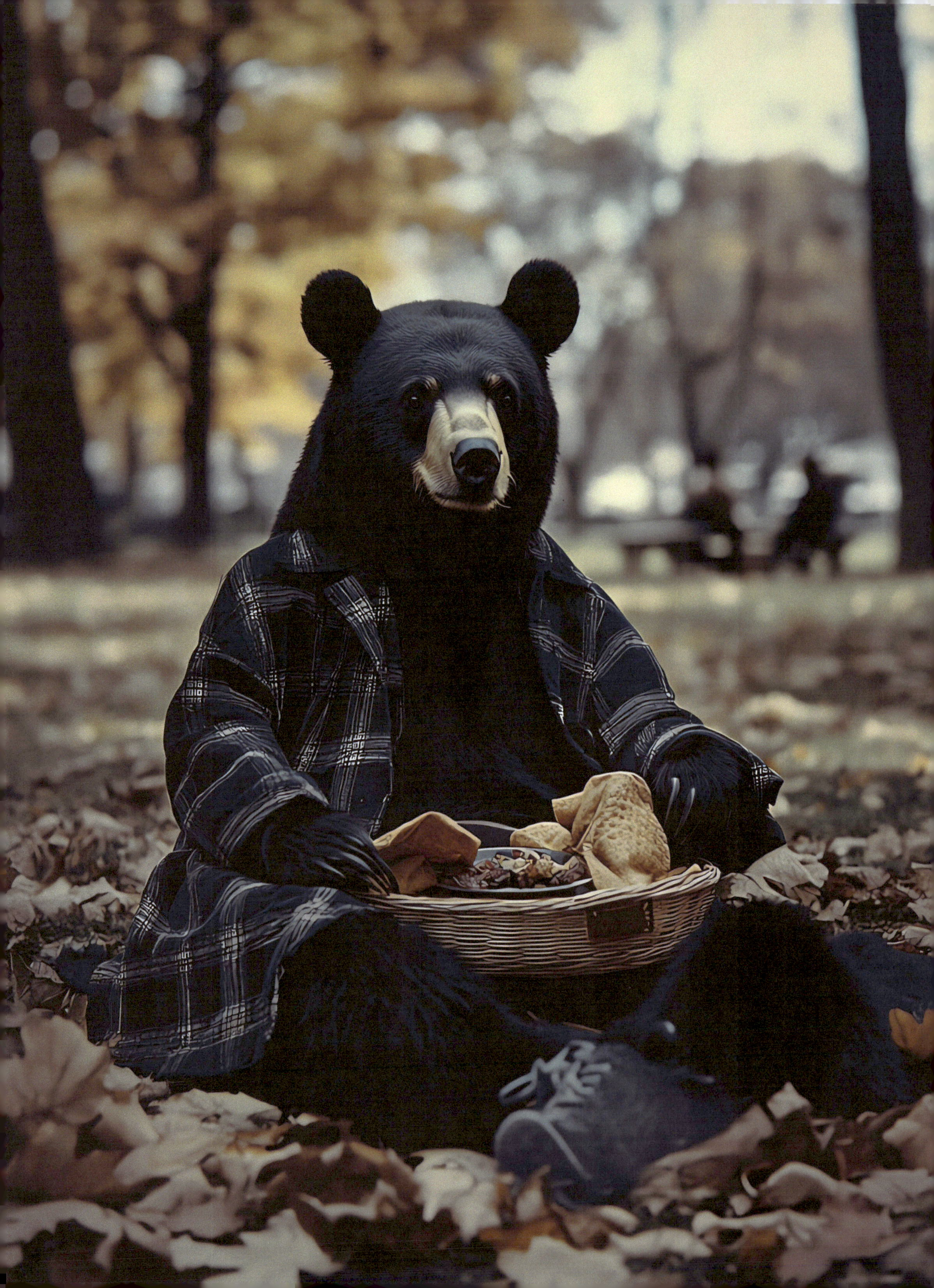

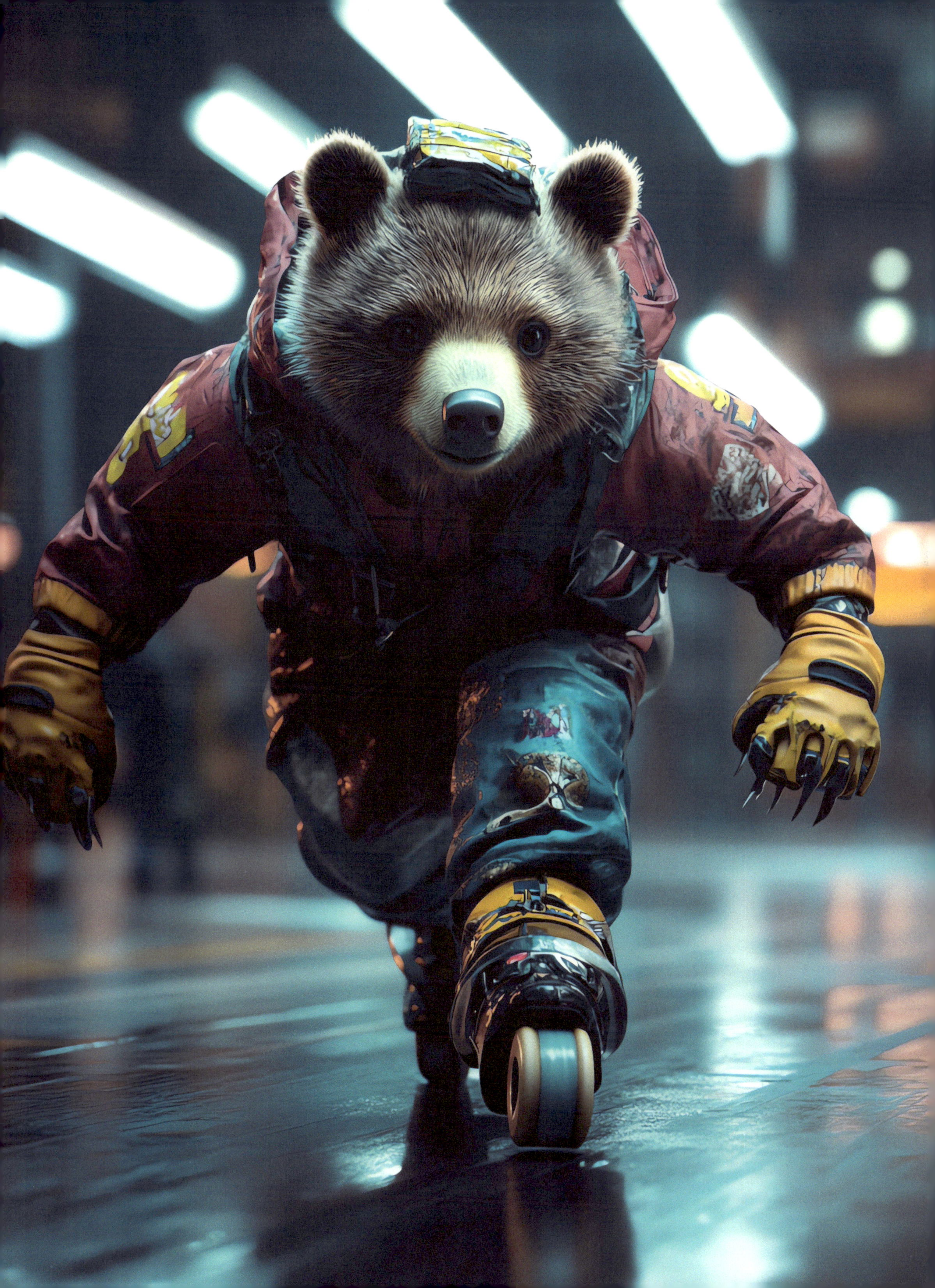

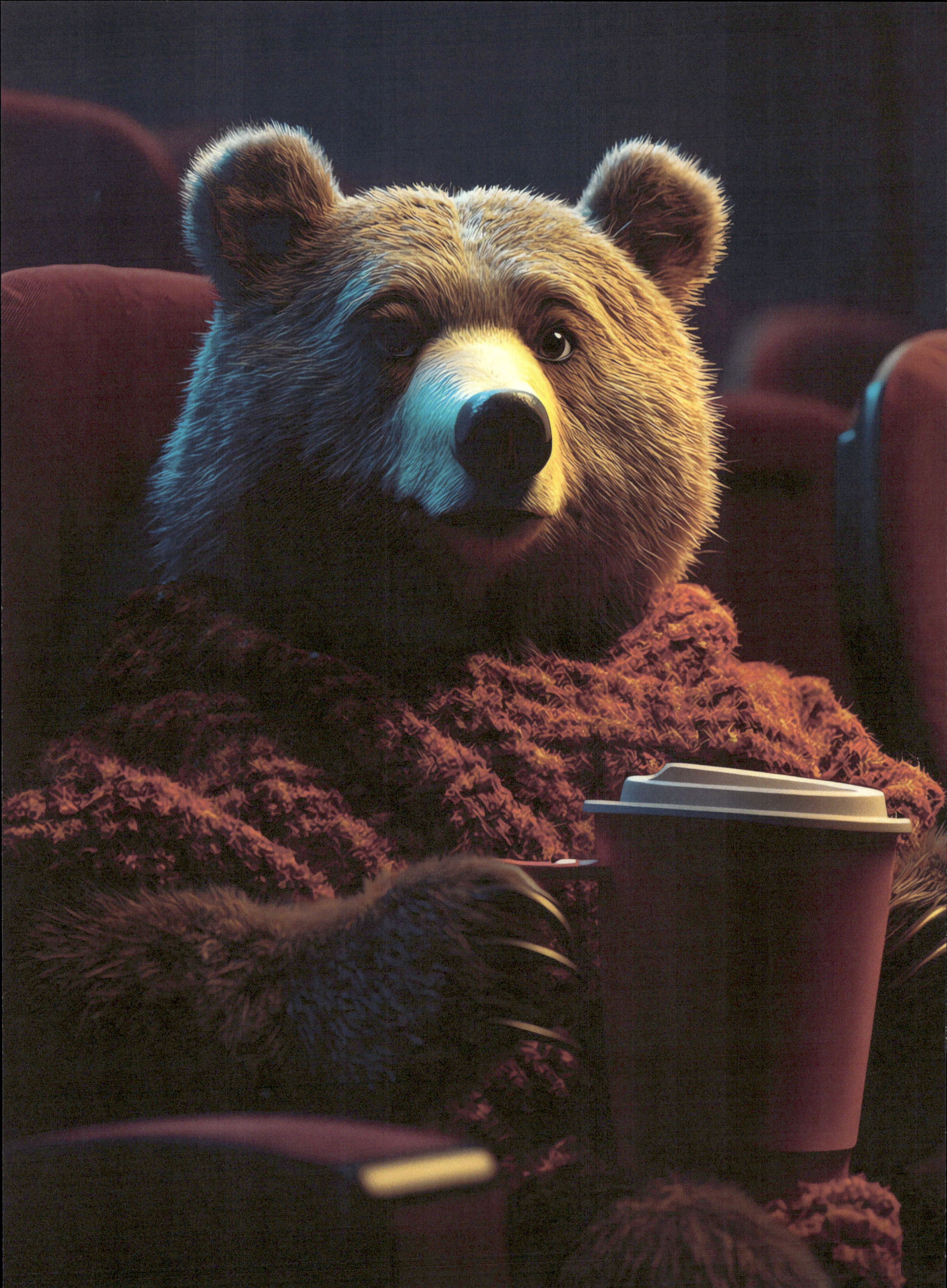

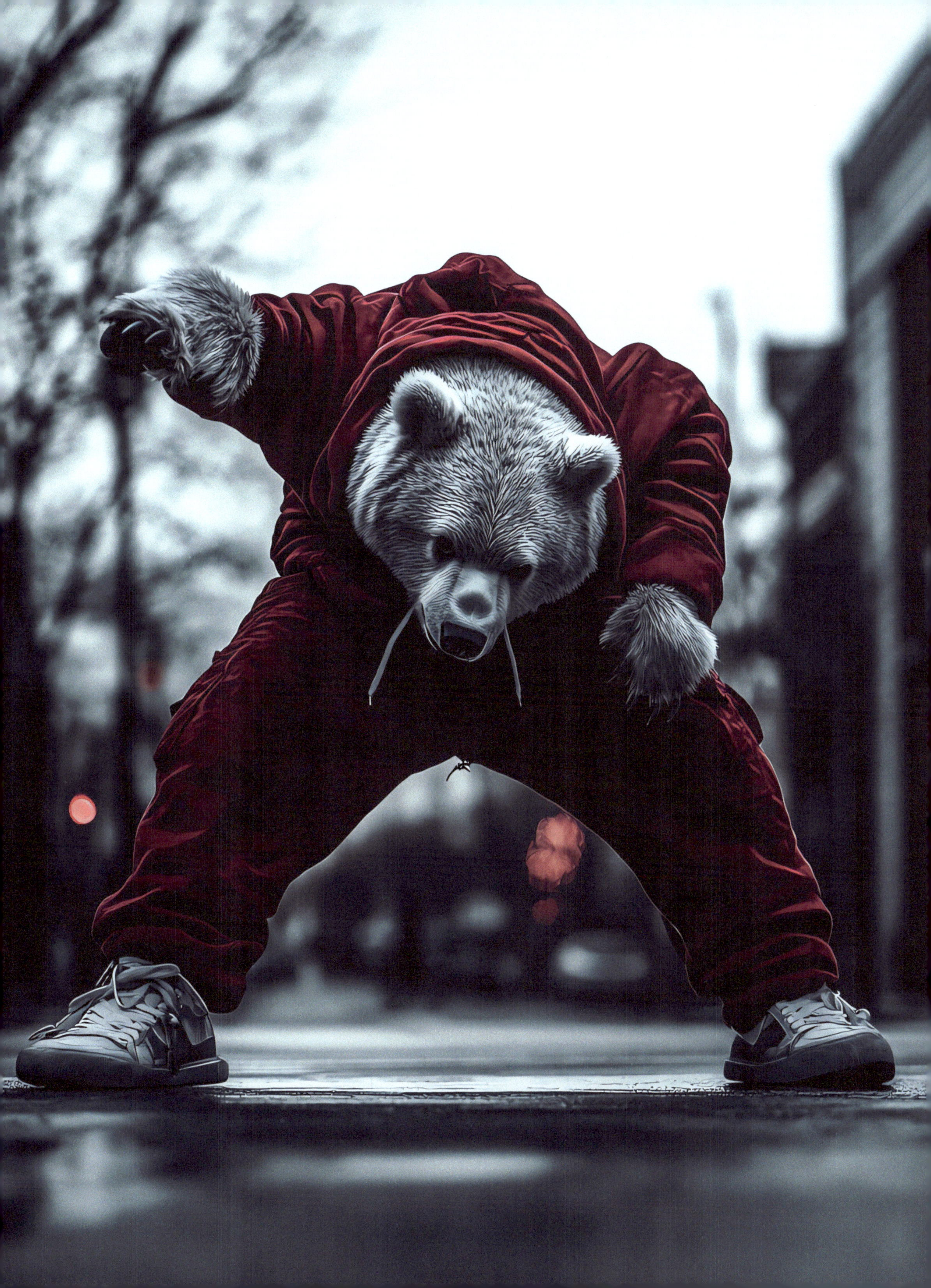

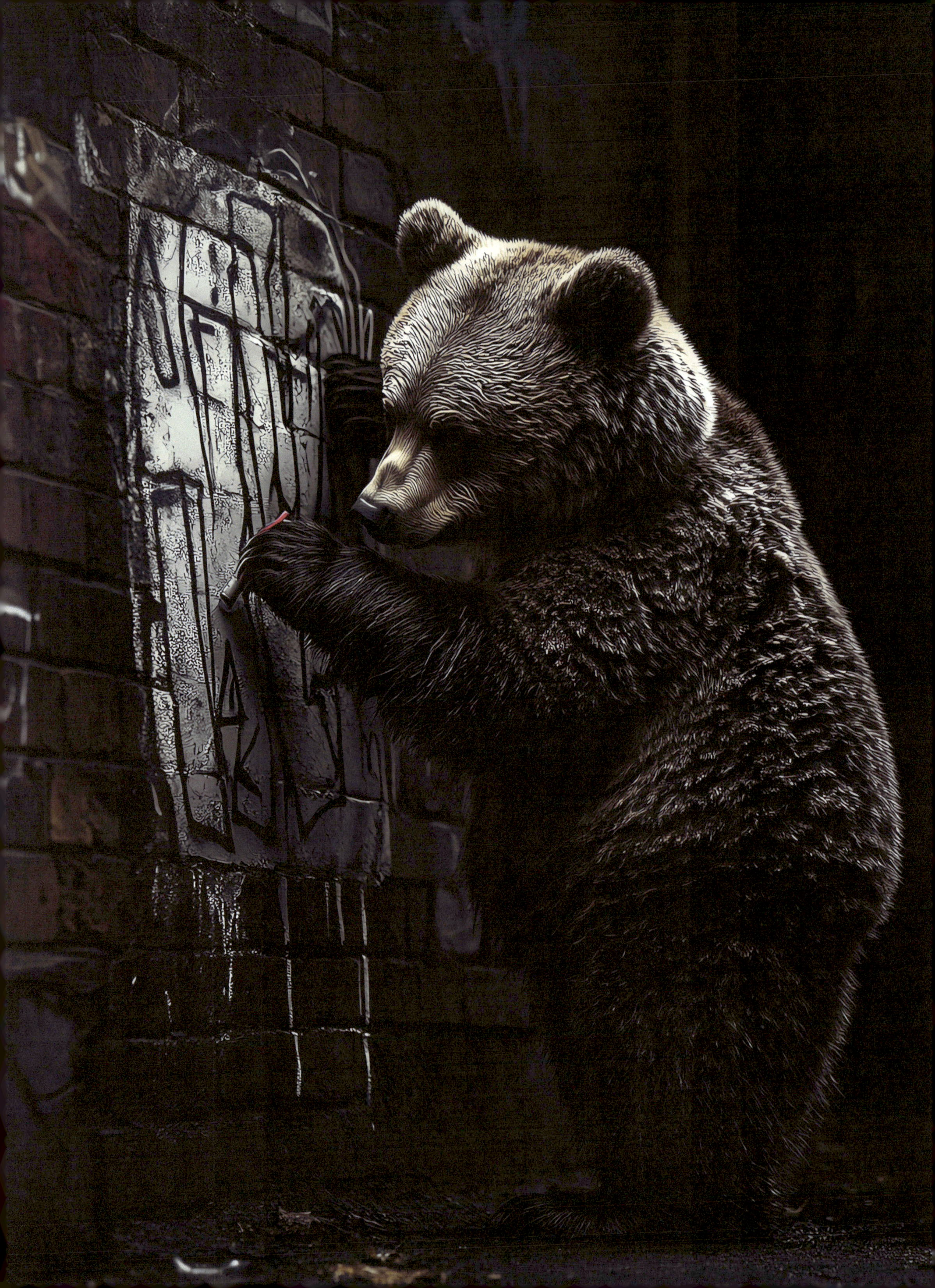

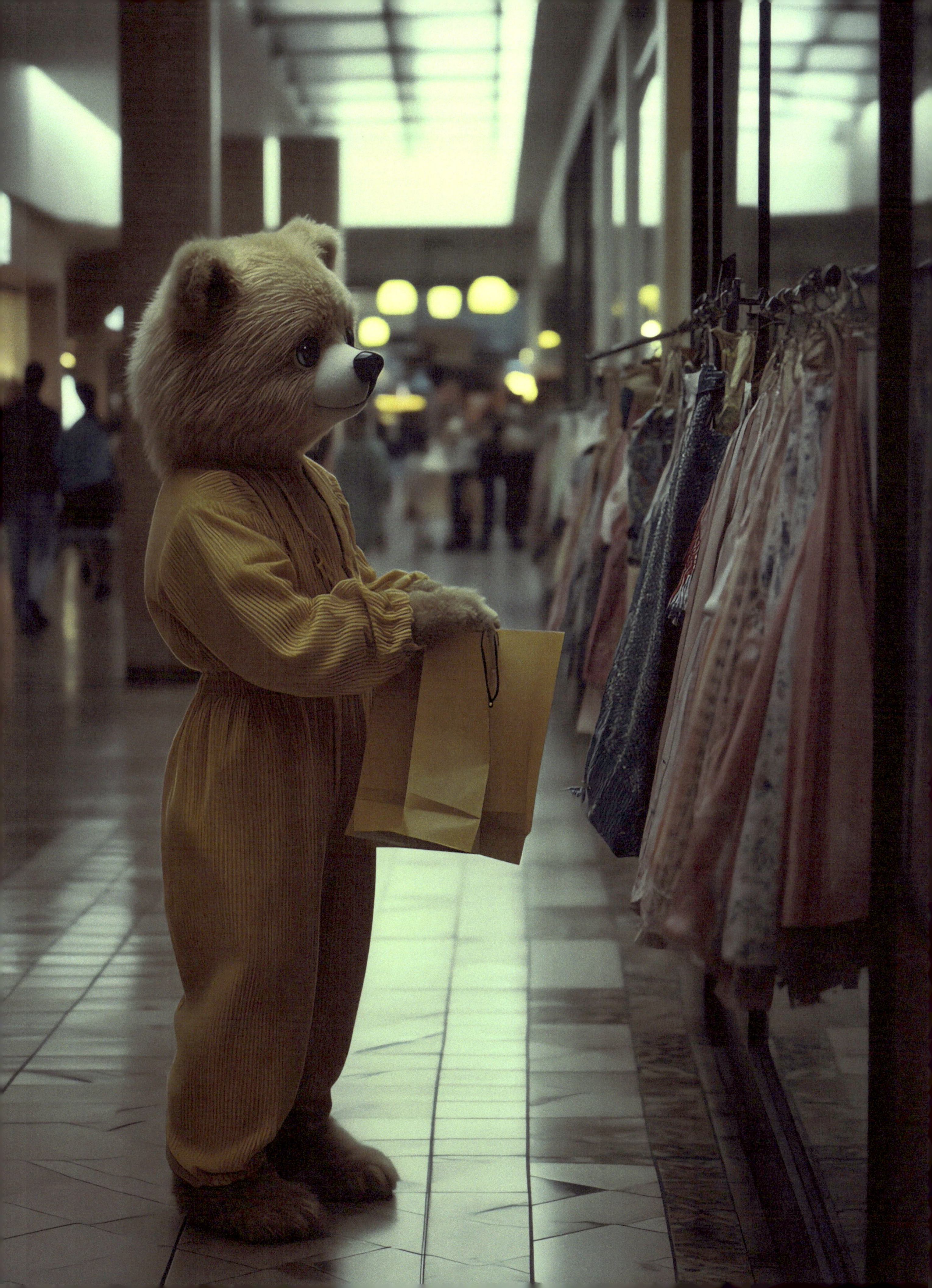

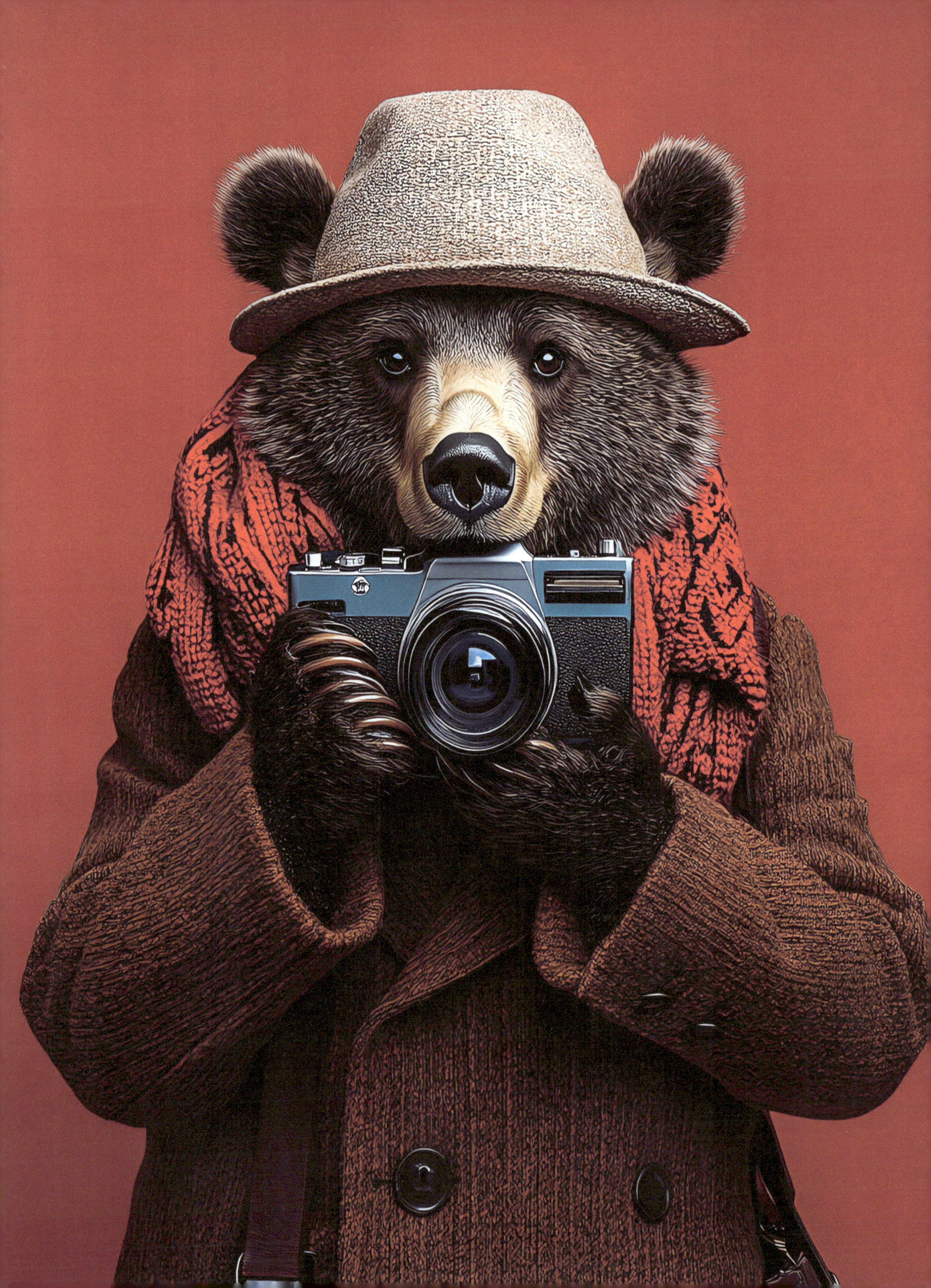

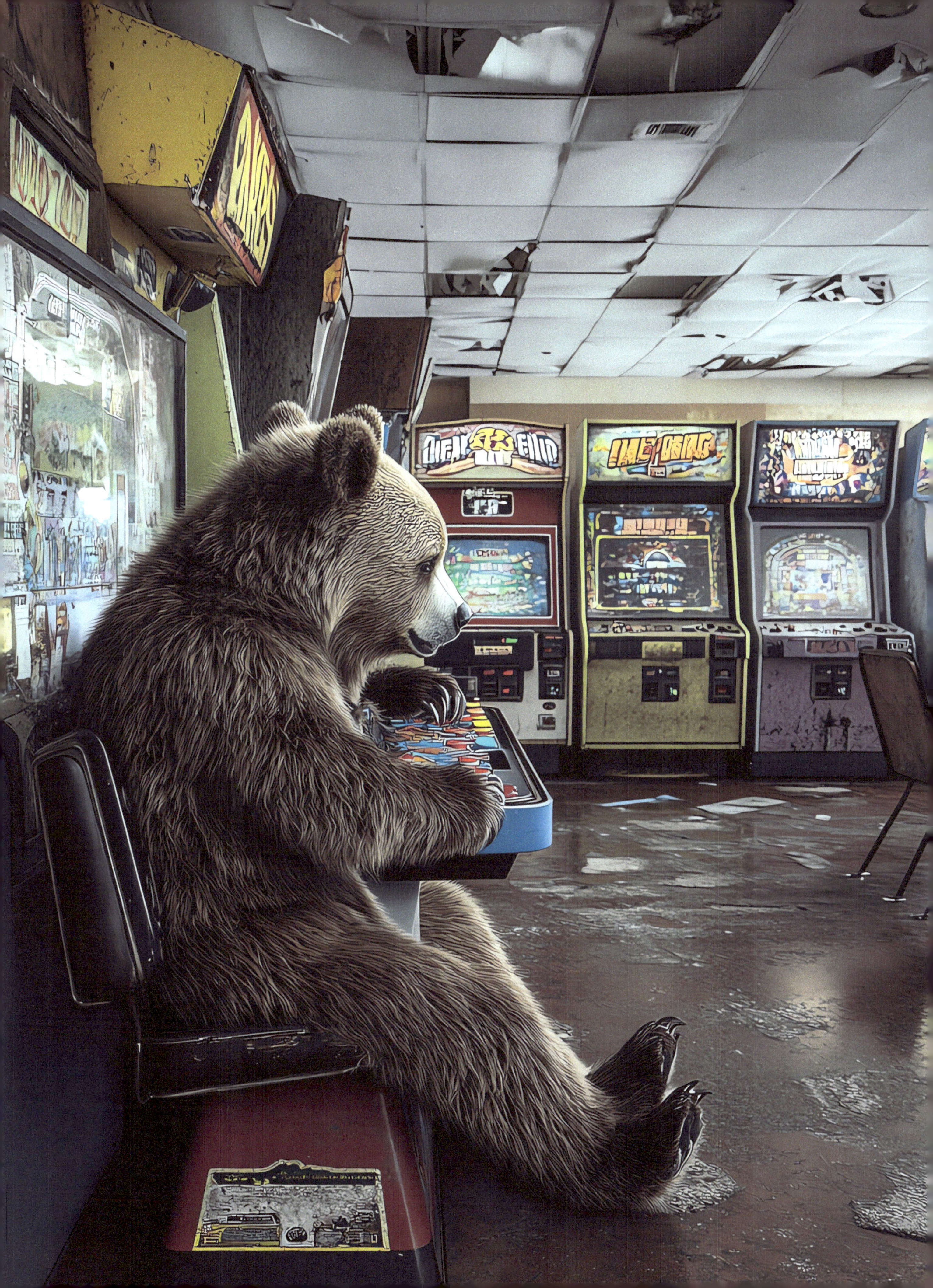

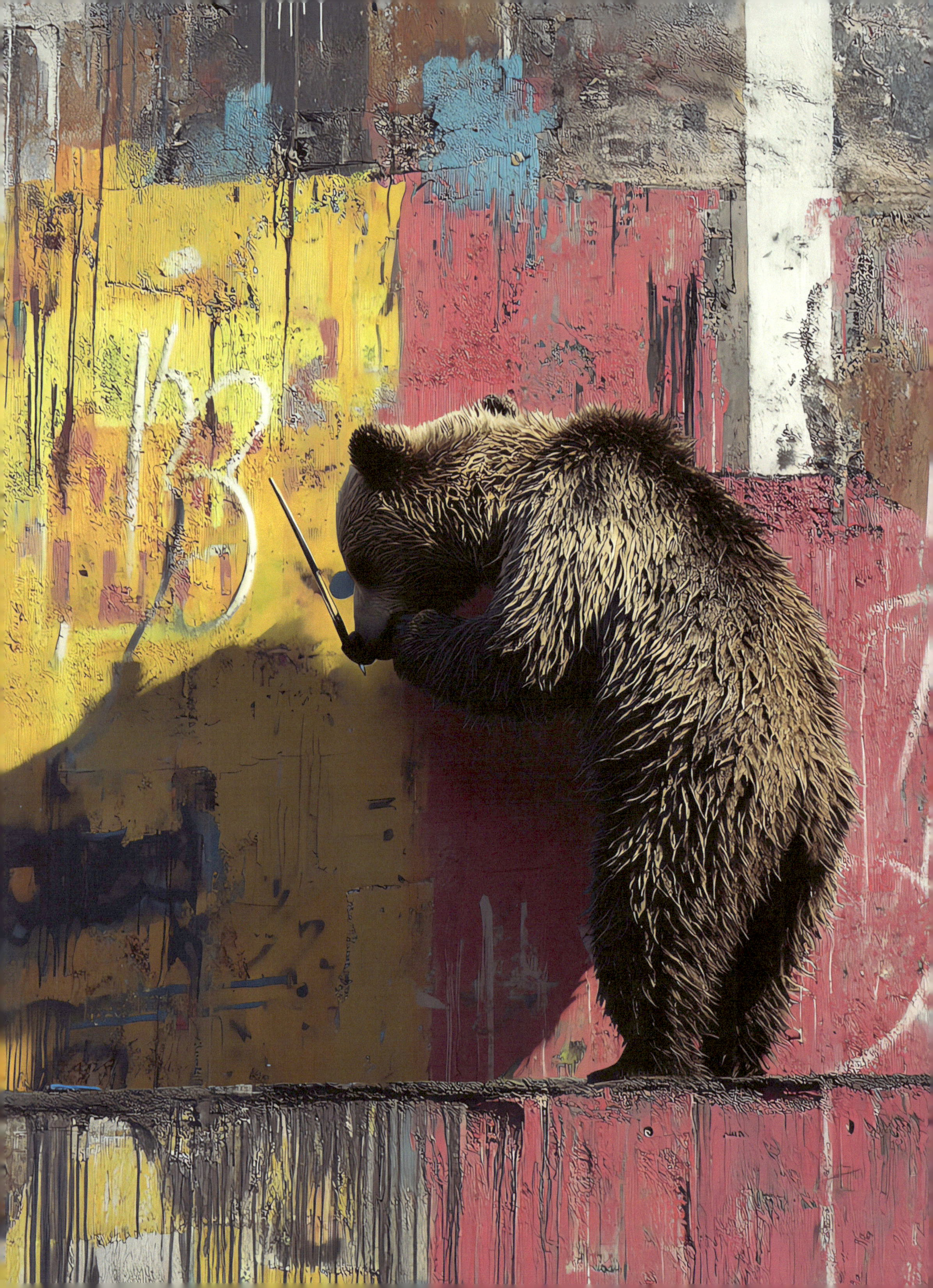

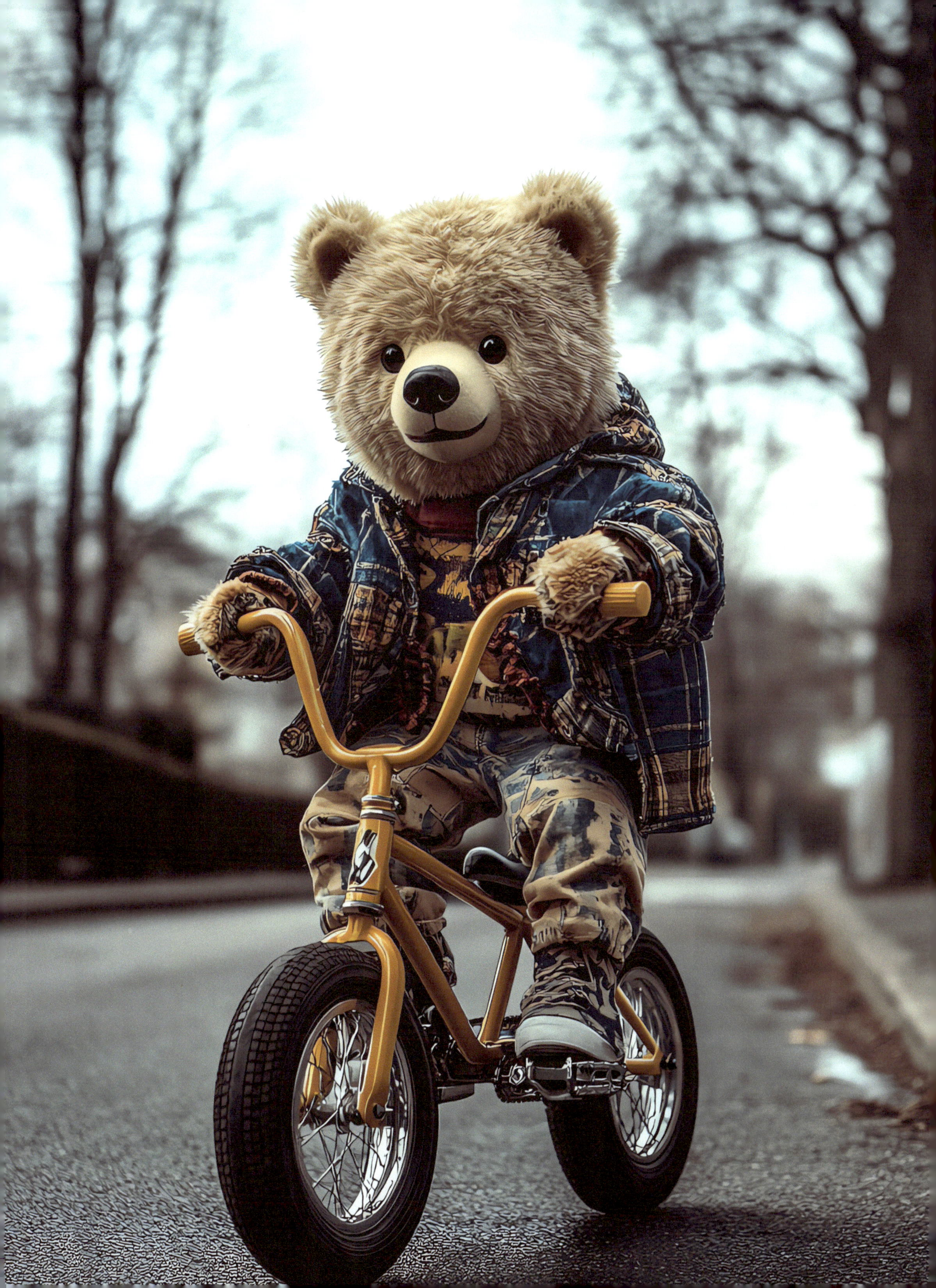

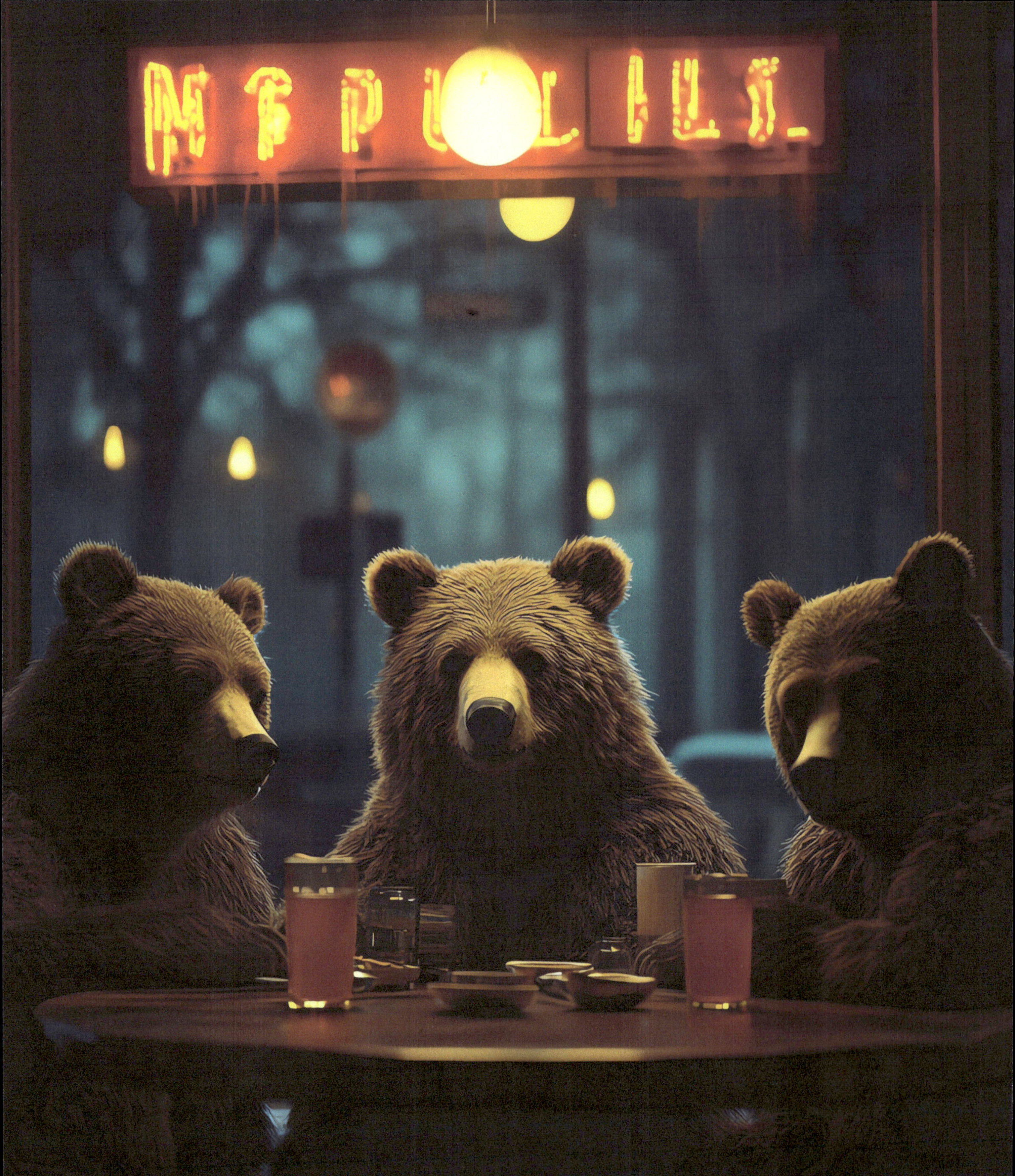

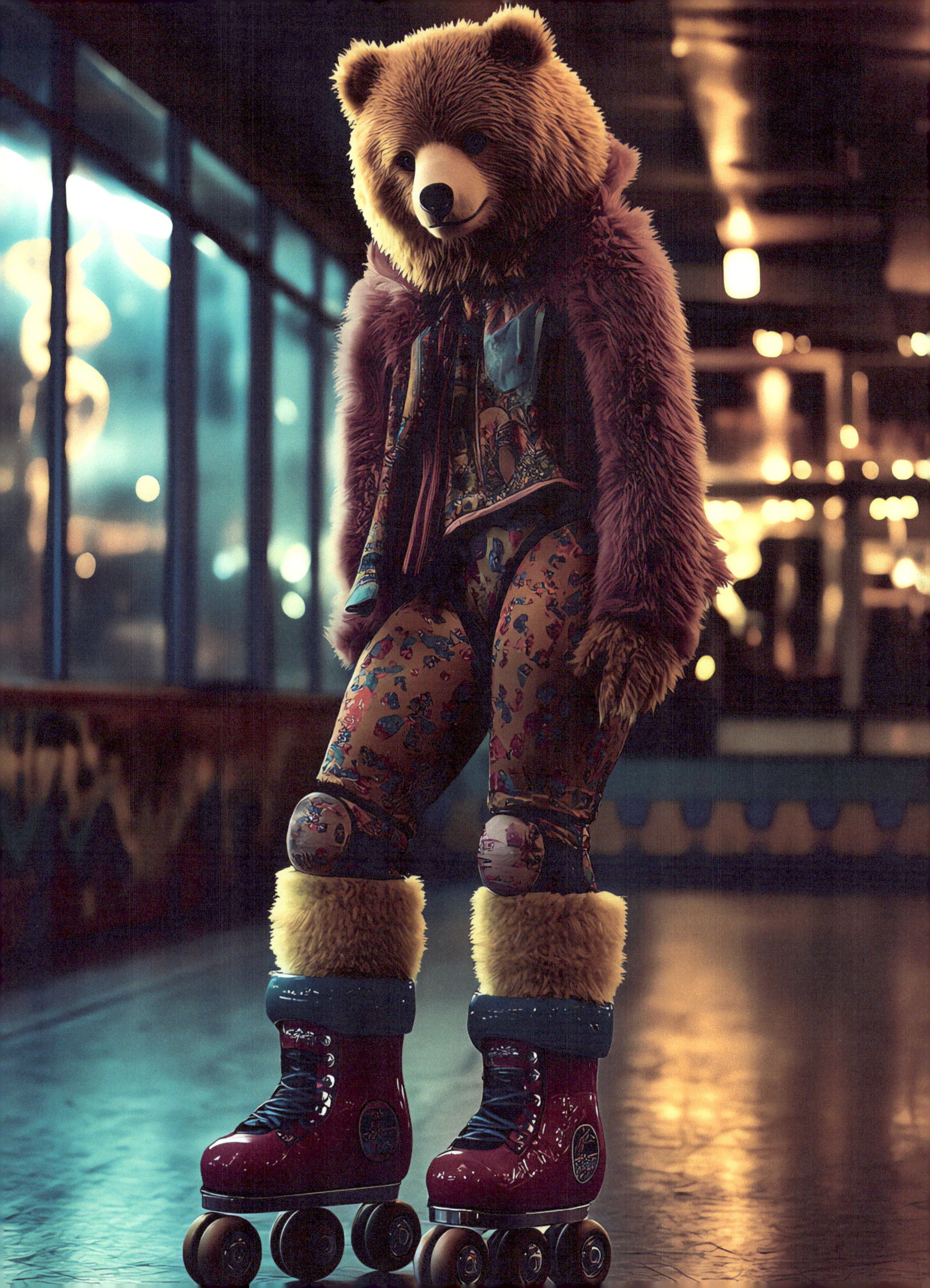

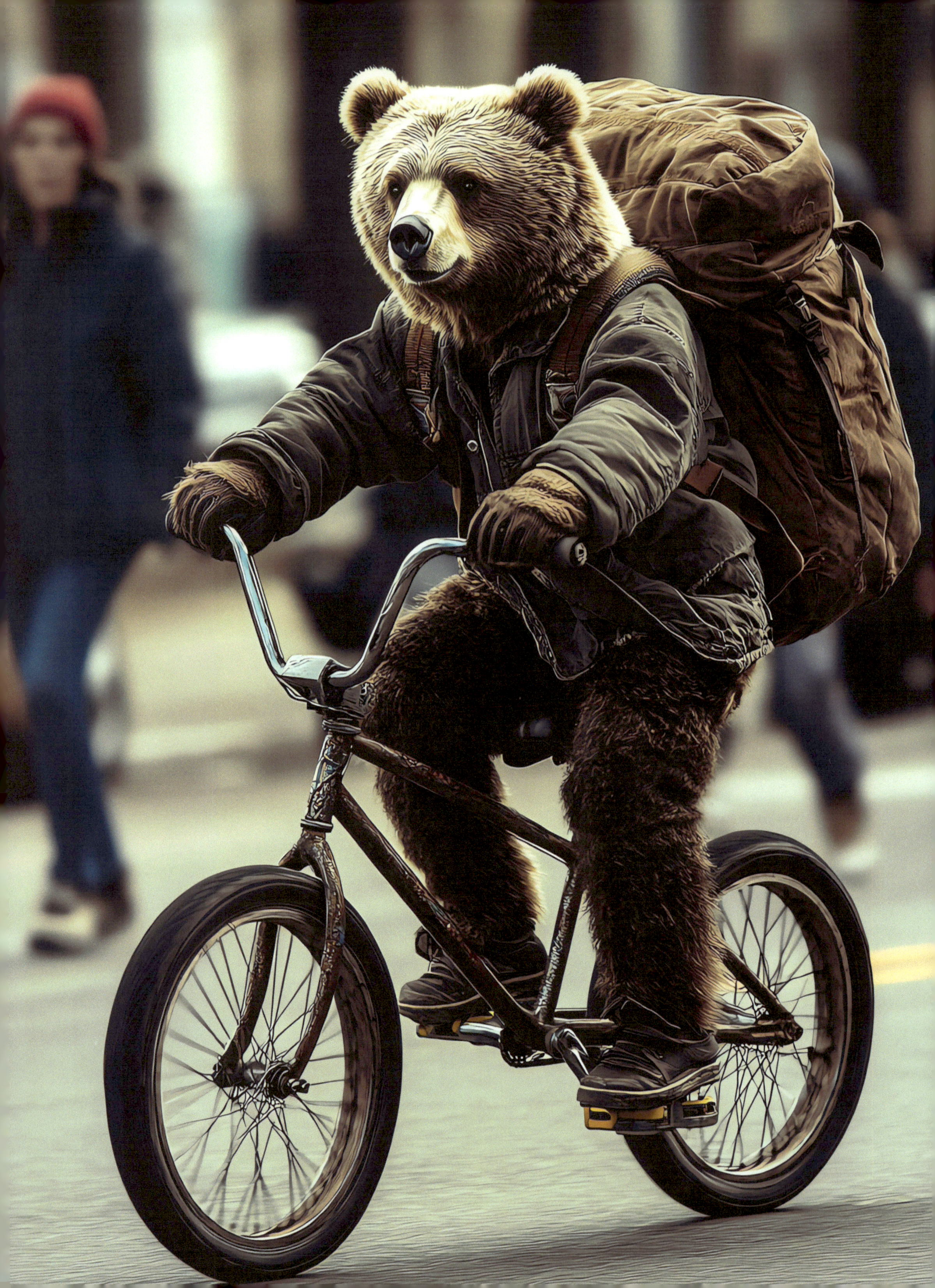

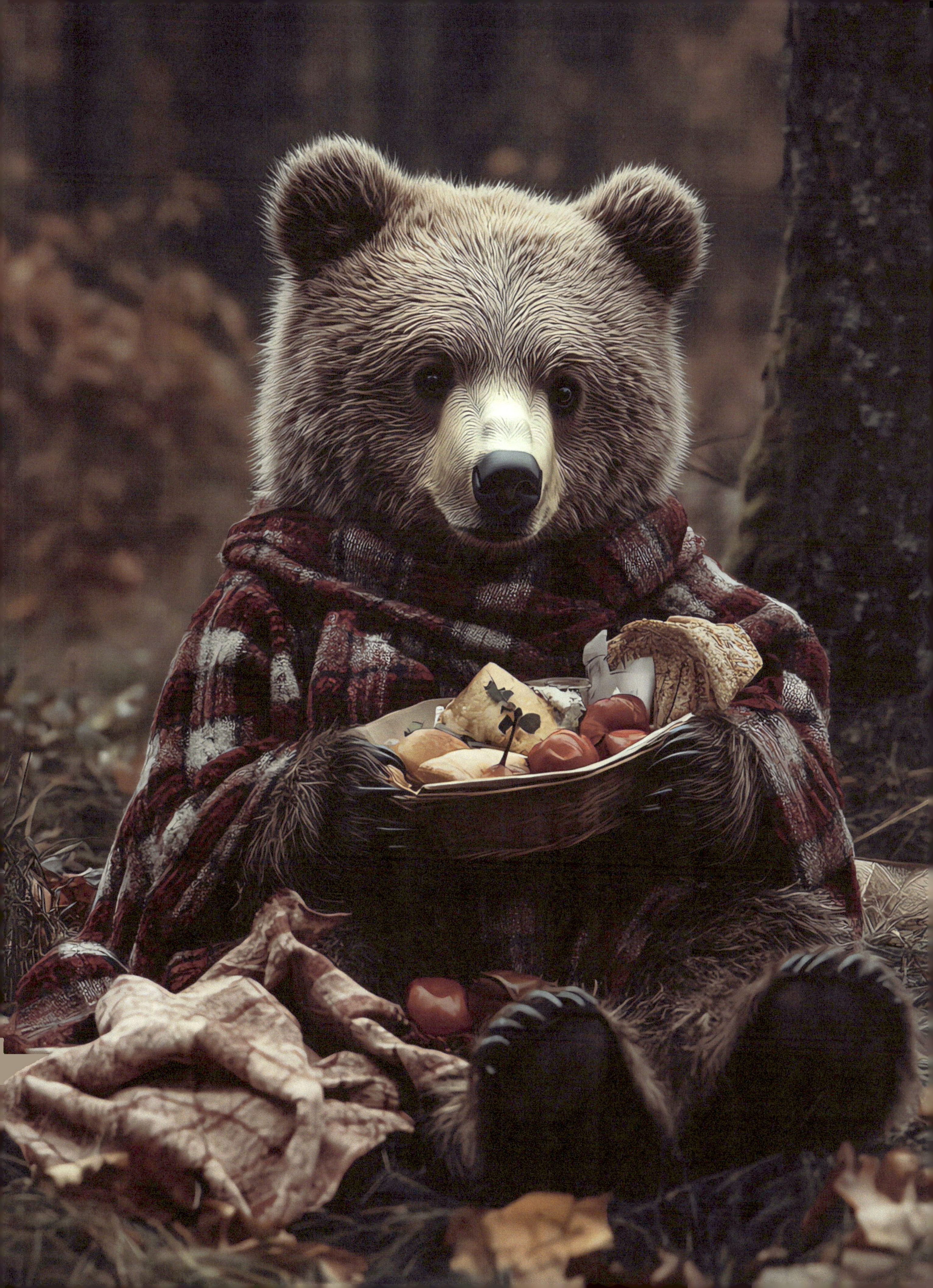

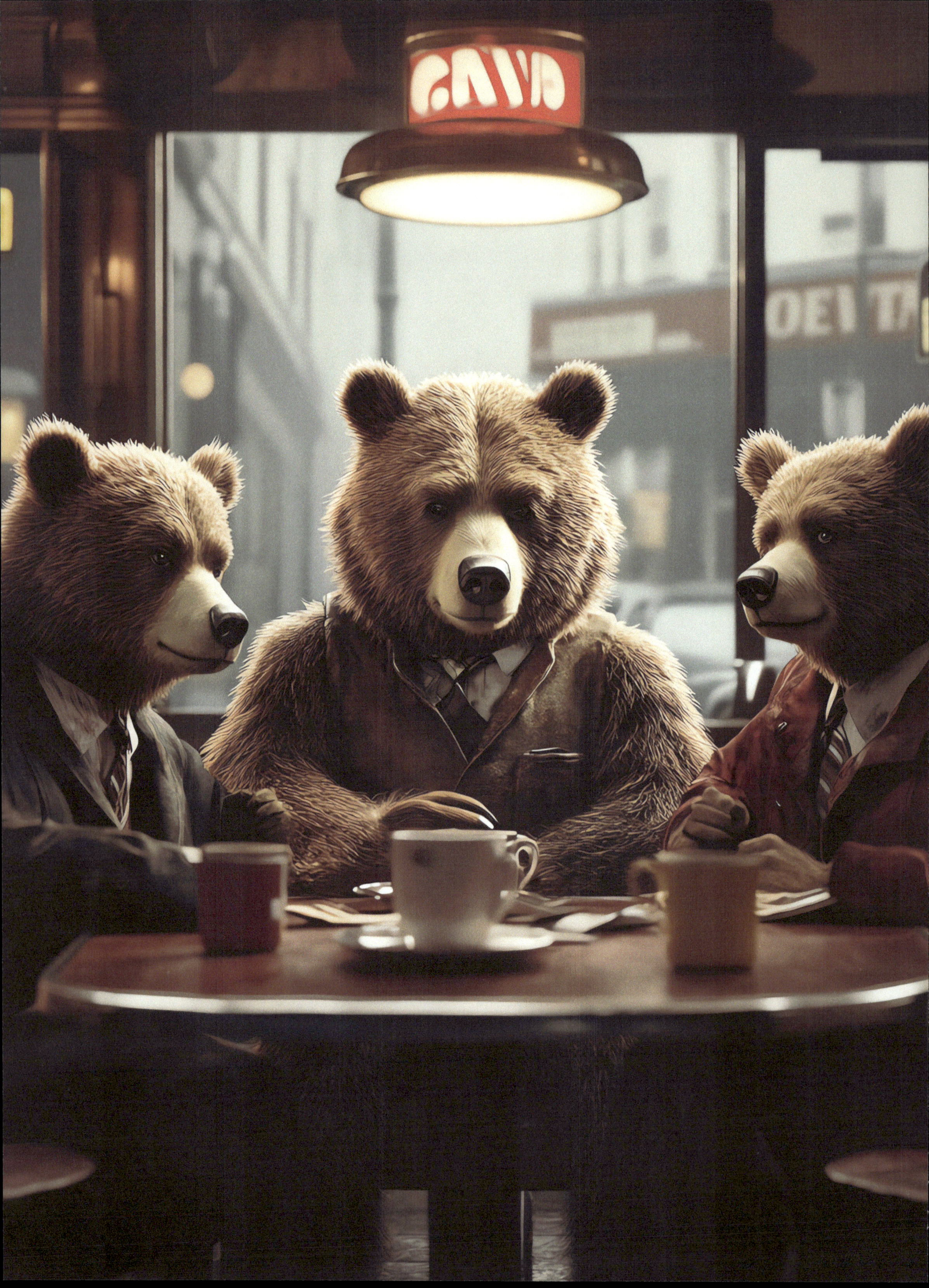

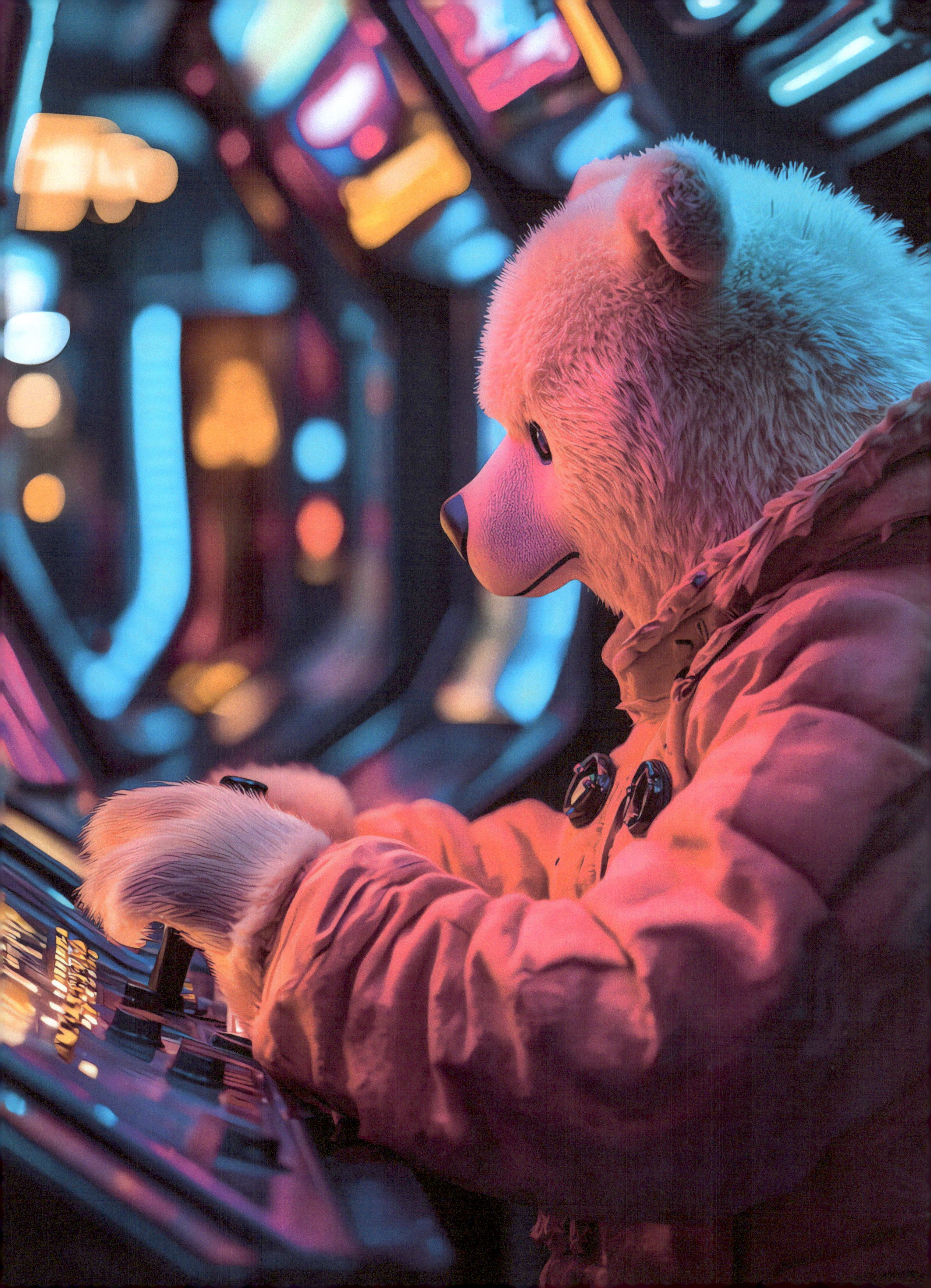

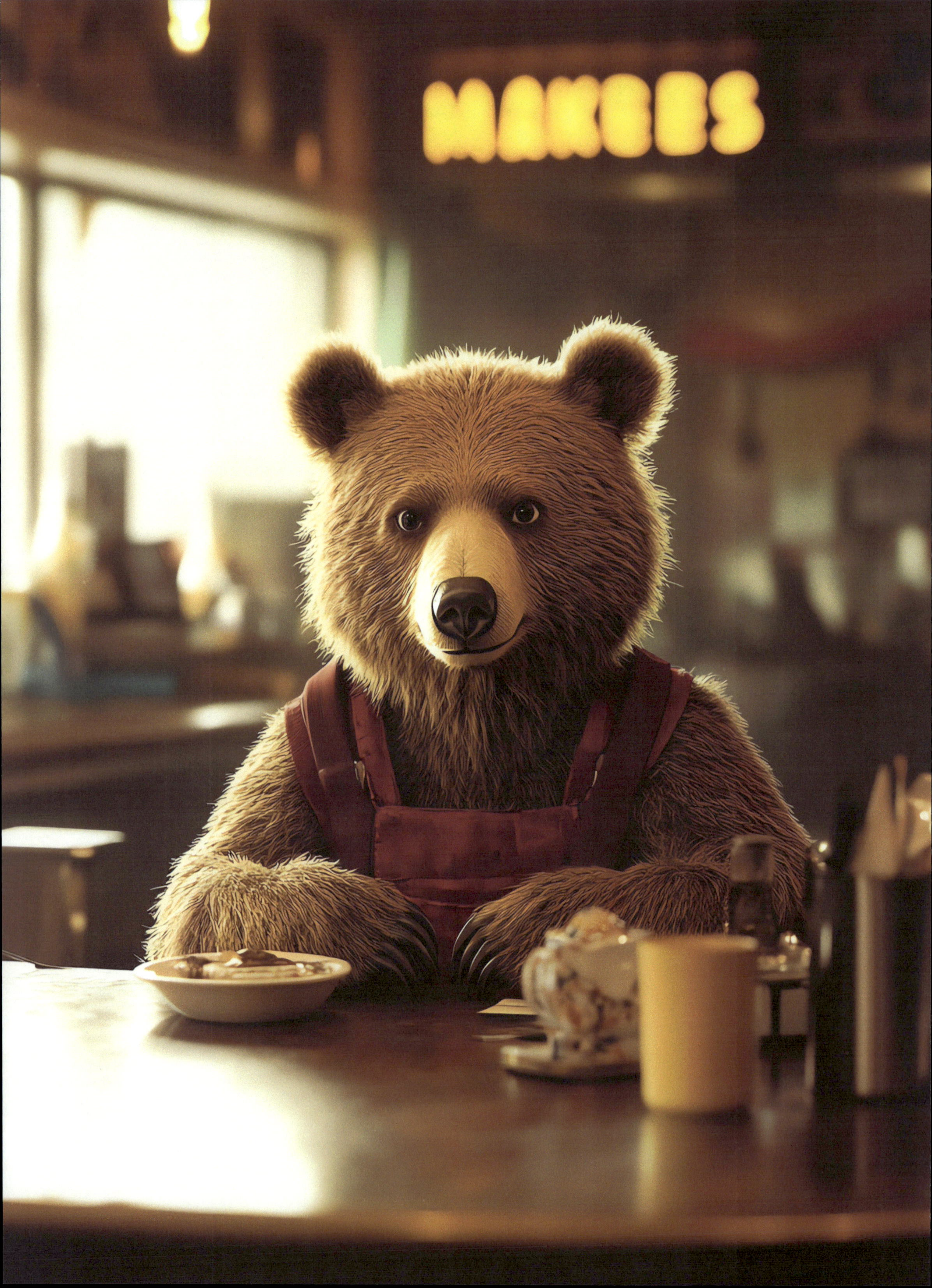
MAKEES

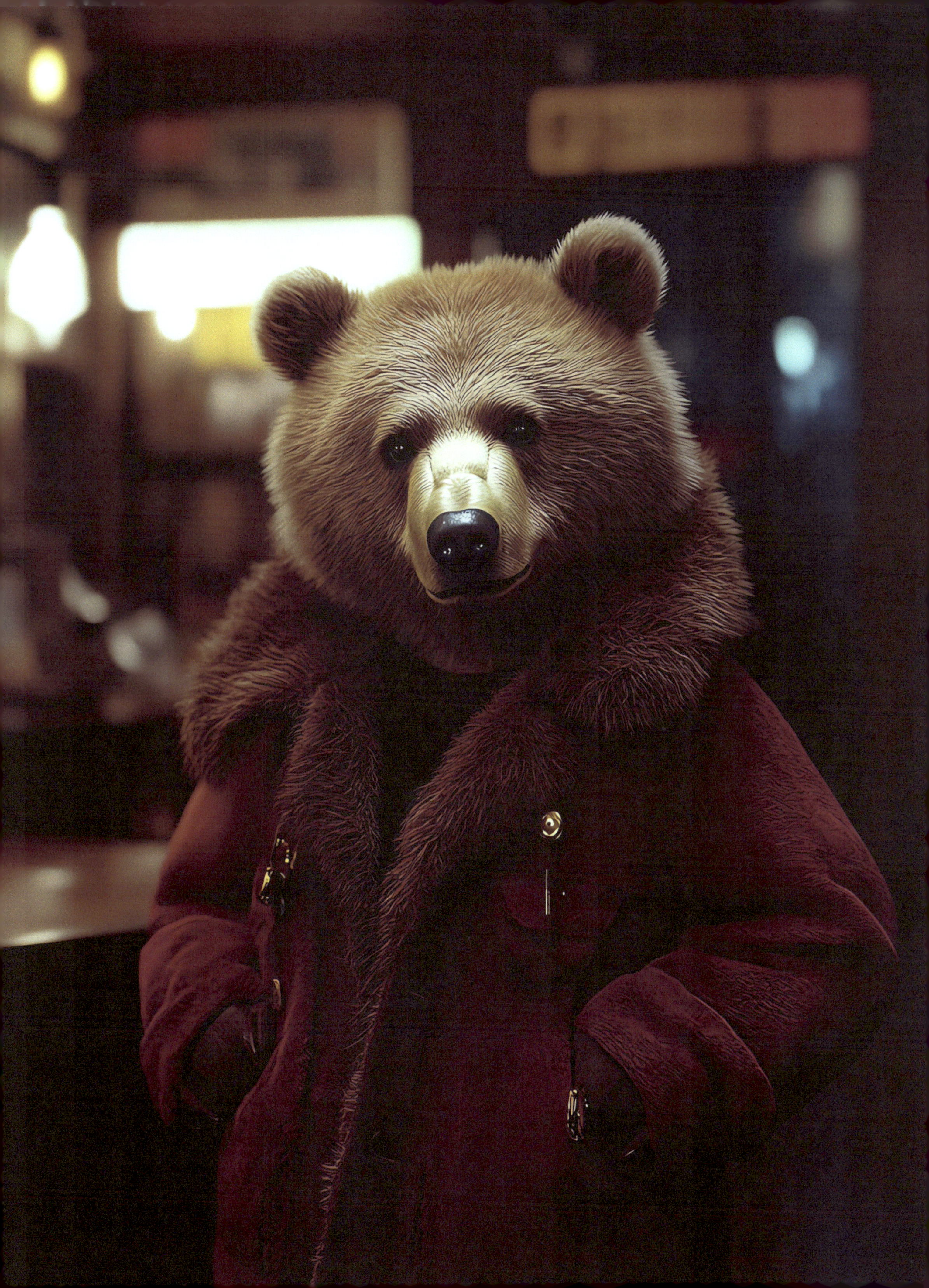

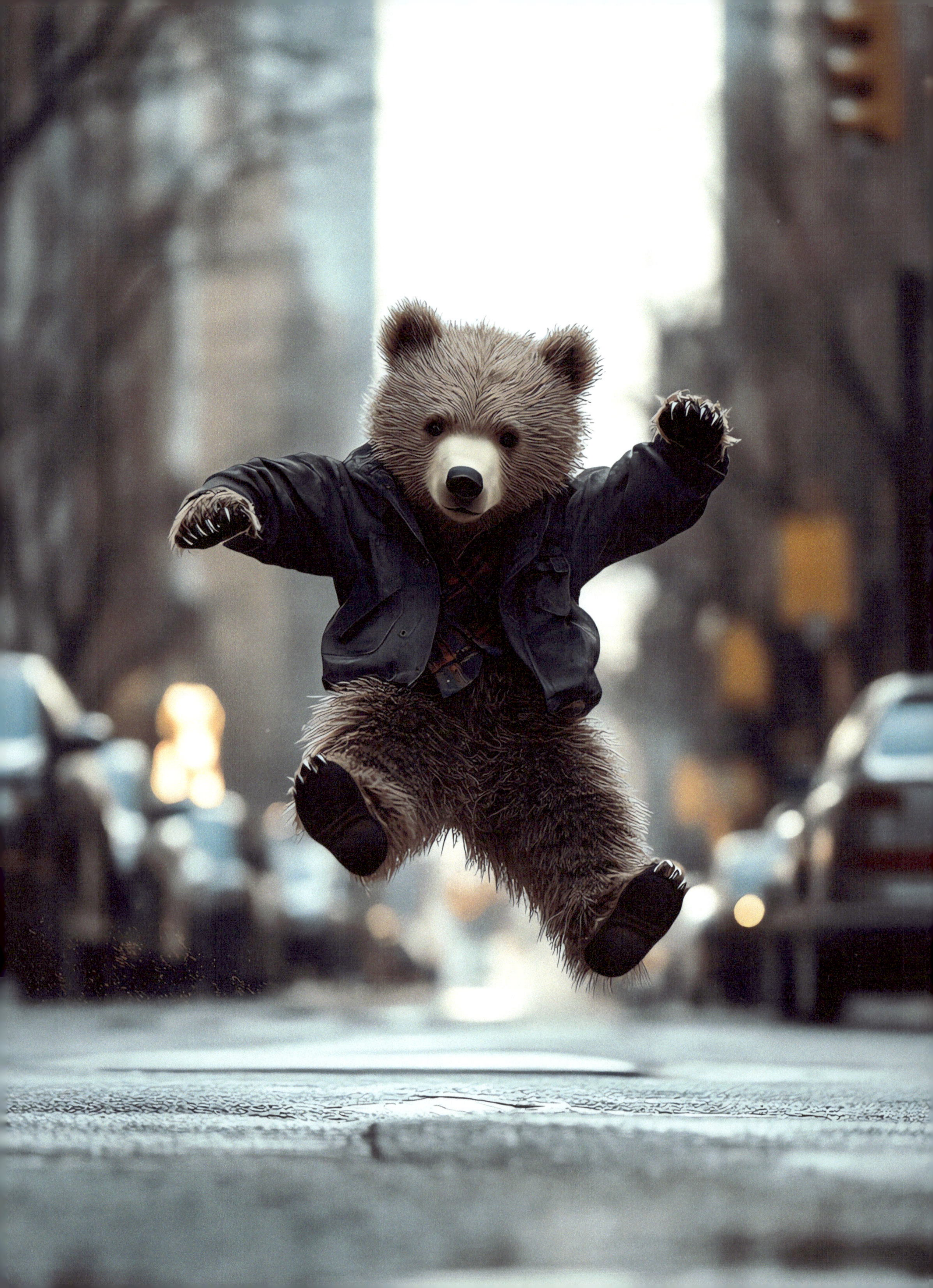

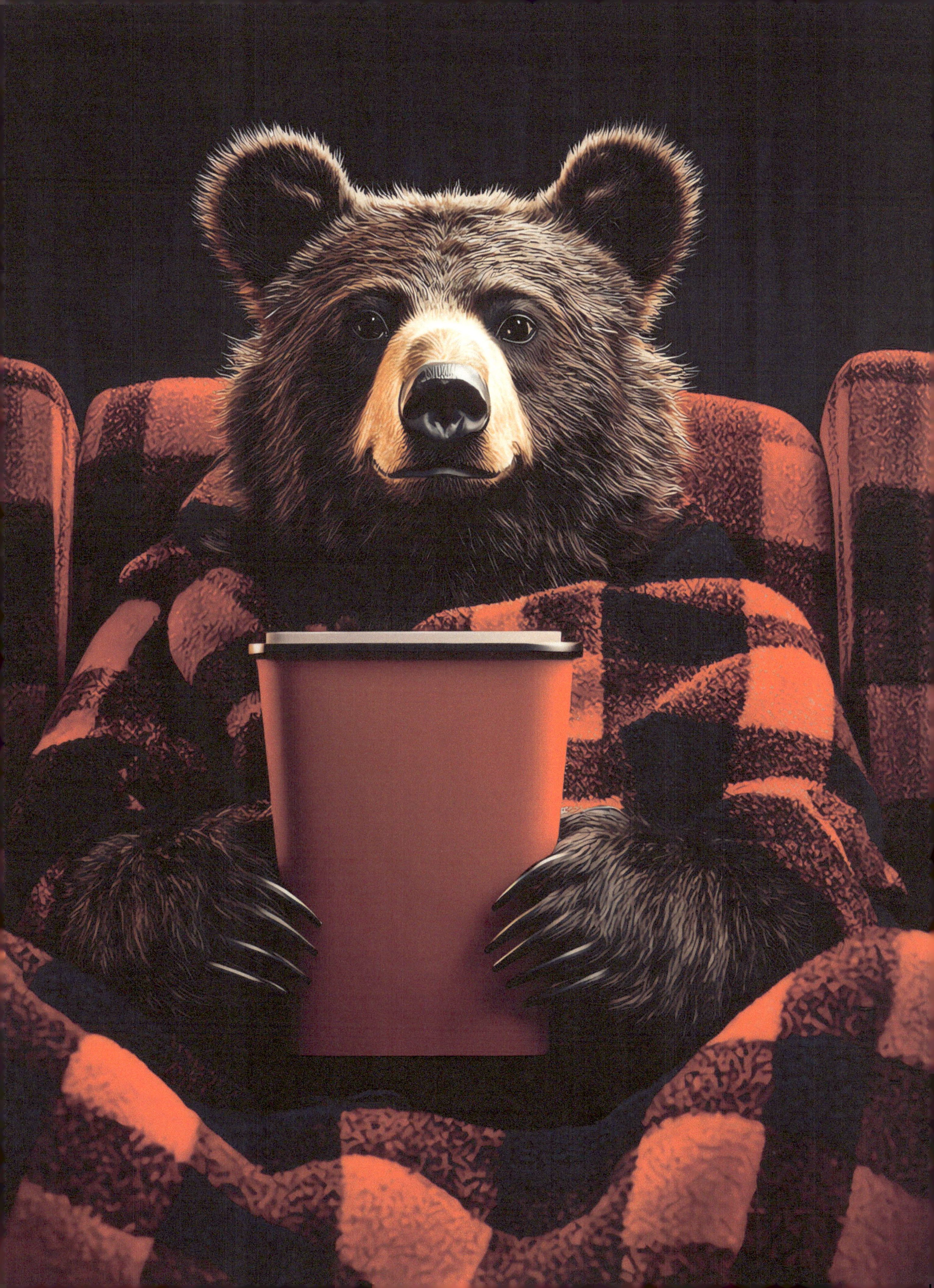

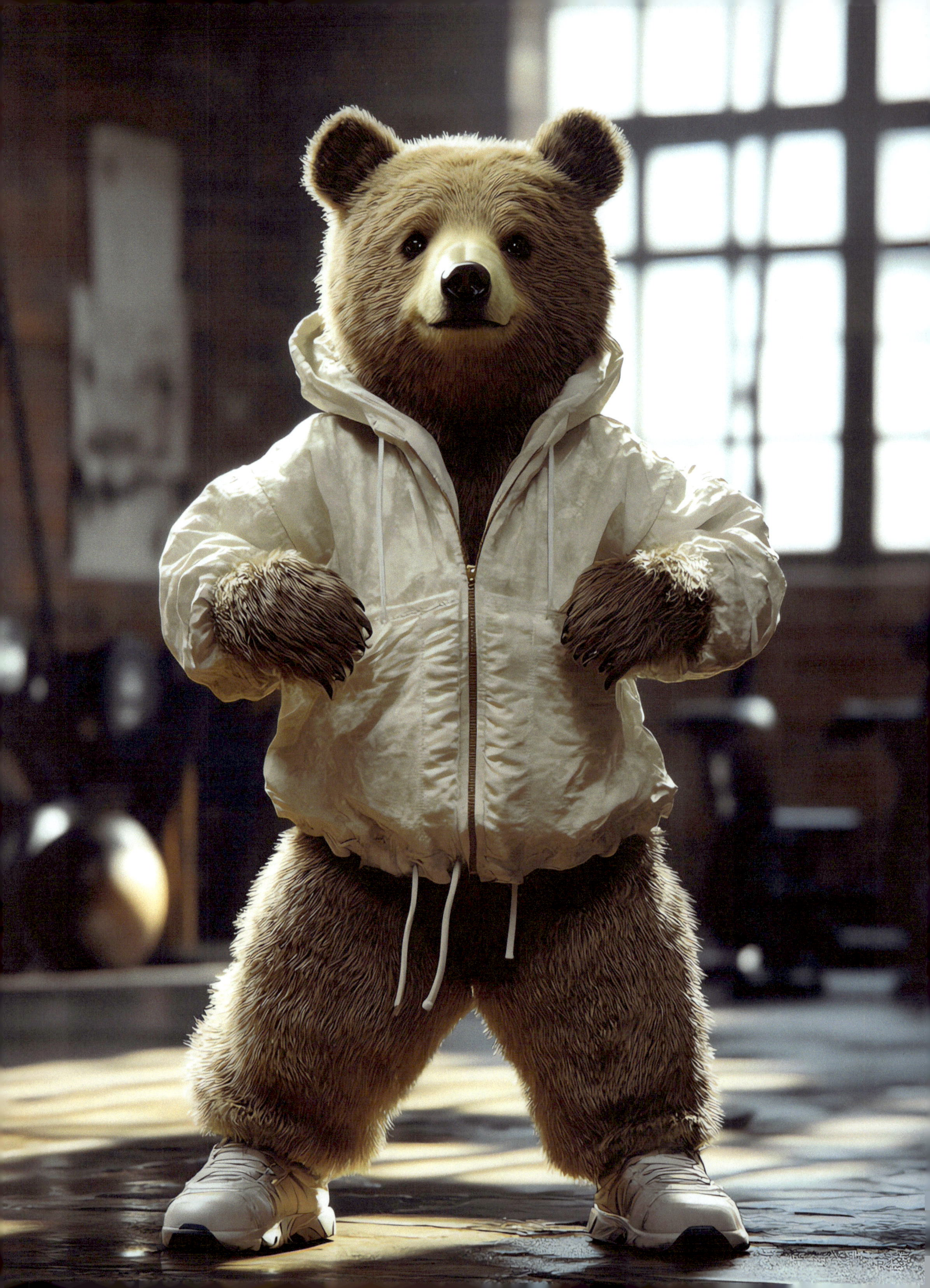

www.ingramcontent.com/pod-product-compliance
Lightning Source LLC
Chambersburg PA
CBHW040419220526
45473CB00004B/1289
9798303105485